예민한 사람을 위한
좋은 심리 습관

30년간 민감한 사람의 마음을 돌본
임상심리사가 발견한

예민한 사람을 위한
좋은 심리 습관

캐린 홀 지음 | 신솔잎 옮김

빌리버튼 billybutton

예민한 사람들에게 필요한 것은
감정을 다루는 기술이다

정서적으로 민감한 사람들은 공감도가 매우 높고, 격렬한 감정을 다른 사람들보다 자주 그리고 오래 느낀다. 이 책을 읽기로 결심한 것으로 봐서 당신도 민감한 사람이거나 주변에 예민한 사람이 있을 것이다.

그렇다면 아마도 해롤드, 니콜, 앨리샤의 이야기에 공감할 것이다.

해롤드는 타인의 기분을 상하게 하는 것을 싫어하고 누군가의 요청에 거절하는 것을 힘들어 한다. 친구나 지인의 푸념을 듣느라 몇 시간이나 전화 통화를 하는 터라 자신의 일을 제대로 못할 정도이다. 뉴스를 보면 화가 나거나 괴롭기 때문에 잘 보지 않는다.

니콜은 자기 자신이 나약하고 '가치 없는' 사람이라고 생각할 때가 많다. 다른 사람들은 멀쩡한 상황에서도 자신은 눈물을 쏟거나 분노하거나 슬픔을 느낄 때가 많다. 주변 사람들로부터 '감정을 너무 숨김없이 드러낸다'거나 '사사건건 지나치게 신경을 많이 쓴다'는 평을 듣곤 한다. 이런 평가 때문에 그는 자신이 다른 사람들과 다르고 또 사람들로부터 이해받지 못한다는 생각을 한다.

남편 로저가 결혼 생활 내내 바람을 피웠다는 것을 안 순간 앨리샤는 이혼소송을 제기했다. 그러나 차마 남편에게 집에서 나가달라는 말을 할 수가 없었다. 남편의 심기를 건드리게 될까 두려웠고, 남편 없이 생활할 자신이 없었기 때문이다. 그래서 이혼한 지몇 년이 지난 지금까지도 두 사람은 함께 살고 있고, 앨리샤는 남편에게 여러모로 도움을 주고 있다. 남편은 달리 갈 곳도 없고, 혼자서는 돈도 잘 관리할 줄 모른다는 게 이유였다. 무엇이 올바른 선택인 줄 알면서도 마음이 불편하고 불안하여 차마 그렇게 하지 못하는 자신이 너무 싫었다. 앨리샤는 이게 다 자존감이 부족하기 때문임을 깨달았다.

당신의 이야기 같은가? 만약 그렇지 않다 해도 계속 읽어주기 바란다. 정서적 민감성은 다양하게 표출되는 만큼 어쩌면 당신은 해롤드, 니콜, 앨리샤와는 다른 패턴의 민감성을 지니고 있을지도 모른다.

당신은 예민한 사람입니까?

인터뷰, 설문조사, 수년간의 임상 경험을 통해 정서적으로 예민한 사람들은 저마다 타인과 교류하는 방식이 각기 다르다는 것을 발견했다. 예를 들면, 분노나 짜증을 잘 숨기는 사람도 있는가 하면, 고슴도치가 가시를 세우듯 짜증이나 분노를 밖으로 자주 표출하는 사람도 있다. 혹은 만나는 사람들마다 서슴없이 친구로 지내는 사람도 있고, 혼자 고립되는 쪽을 선택하는 사람도 있다. 그러나 예민한 사람들에게서 공통적으로 드러나는 몇 가지 특징이 있다.

아래 나오는 질문을 통해 자신이 예민한 편인지 어떤지 파악할 수 있다. 각 문항마다 어느 정도 공감하는지 표시해보길 바란다.

예민성 자가 진단

1. 나를 잘 아는 사람들로부터 너무 예민하다는 이야기를 자주 듣는다.

   1 전혀 그렇지 않다   2 그렇지 않다   3 그렇다   4 굉장히 그렇다

2. 다른 사람의 감정을 상하게 할까봐 신경을 많이 쓰는 편이다.

   1 전혀 그렇지 않다   2 그렇지 않다   3 그렇다   4 굉장히 그렇다

3. 점심 메뉴를 고를 때는 '아무거나'라고 말하거나 상대방을 기쁘게 하고 싶어서
   상대방이 좋아할 만한 메뉴를 말한다.

   1 전혀 그렇지 않다   2 그렇지 않다   3 그렇다   4 굉장히 그렇다

4. 결정 장애가 있다.

   1 전혀 그렇지 않다   2 그렇지 않다   3 그렇다   4 굉장히 그렇다

5. 부당한 일이 발생했을 때 그냥 참고 넘기는 것이 힘들다.

   1 전혀 그렇지 않다   2 그렇지 않다   3 그렇다   4 굉장히 그렇다

6. 유독 자연에서 위안과 평온함을 얻는다.

   1 전혀 그렇지 않다   2 그렇지 않다   3 그렇다   4 굉장히 그렇다

7. 누군가 기분이 상하면 내 기분도 가라앉는다.

1 전혀 그렇지 않다   2 그렇지 않다   3 그렇다   4 굉장히 그렇다

8. 감정을 회피하거나 숨기려고 노력한다.

1 전혀 그렇지 않다   2 그렇지 않다   3 그렇다   4 굉장히 그렇다

9. 함께 있는 사람들에게 맞춰주기 위해 자기 자신을 변화시킨다.

1 전혀 그렇지 않다   2 그렇지 않다   3 그렇다   4 굉장히 그렇다

10. 친구가 전화를 받지 않거나 문자에 답장을 하지 않으면 내게 화가 났다고 생각한다.

1 전혀 그렇지 않다   2 그렇지 않다   3 그렇다   4 굉장히 그렇다

11. 다른 사람들보다 나쁜 소식에 더 민감하게 반응한다.

1 전혀 그렇지 않다   2 그렇지 않다   3 그렇다   4 굉장히 그렇다

12. 감정적이 되면 제대로 생각하기가 어려워진다. 두뇌가 작동을 멈춘 것 같다.

1 전혀 그렇지 않다   2 그렇지 않다   3 그렇다   4 굉장히 그렇다

13. 비난받을 일이 생길까 두려워 모임이나 그룹 활동을 피한다.

1 전혀 그렇지 않다   2 그렇지 않다   3 그렇다   4 굉장히 그렇다

14. 친구들과 함께 있을 기분이 아니라고 판단되면 약속을 취소하는 경우가 많다.

1 전혀 그렇지 않다   2 그렇지 않다   3 그렇다   4 굉장히 그렇다

15. 쇼핑을 지나치게 자주 하거나, 술을 자주 마시거나, 일을 너무 많이 하거나, 음식을 너무 많이 먹거나 잠을 지나치게 많이 잔다.

1 전혀 그렇지 않다   2 그렇지 않다   3 그렇다   4 굉장히 그렇다

16. 내가 지금 어떤 기분인지, 왜 그렇게 느끼는지 스스로도 잘 모를 때가 많다.

1 전혀 그렇지 않다   2 그렇지 않다   3 그렇다   4 굉장히 그렇다

17. 내게 다가오는 사람들은 모두 내 인생을 힘들게 만드는 존재들이다.

1 전혀 그렇지 않다   2 그렇지 않다   3 그렇다   4 굉장히 그렇다

18. 사람들이 내게서 어떤 매력을 발견했고, 왜 나와 어울리고 싶어 하는지 잘 모르겠다.

1 전혀 그렇지 않다   2 그렇지 않다   3 그렇다   4 굉장히 그렇다

19. 변화를 두려워한다.

1 전혀 그렇지 않다   2 그렇지 않다   3 그렇다   4 굉장히 그렇다

20. 감정적인 내 모습이 싫고, 나 자신의 부정적인 모습에 집중하는 편이다.

1 전혀 그렇지 않다   2 그렇지 않다   3 그렇다   4 굉장히 그렇다

점수 계산: 각 문항마다 자신이 선택한 번호를 더한다.
70~80점 상당히 예민함 | **55~69점** 예민함
45~54점 약간 예민함 | **20~44점** 예민하지 않음

예민함을 삶의 무기로 만드는 확실한 방법

정서적으로 예민하다는 것은 삶의 선물이 되기도 하고 짐이 되기도 한다. 감정에 압도당할 때가 많다면 예민함을 선물로 생각하긴 어려울 것이다. 그러나 예민한 사람들의 특징인 타인에 대한 따뜻한 마음, 강렬한 기쁨, 깊은 유대감, 자연을 향한 열망 등은 당신의 삶에 의미와 만족감을 더해준다.

따라서 정서적 민감성을 삶의 선물로 느끼고 활용하려면 격렬한 감정을 잘 다스리는 방법을 배워야 한다. 다시 말해서 자신의 감정을 인정하고 받아들이며, 불편한 감정에 대처하는 건강한 방법을 익히고, 혼란과 불안 속으로 자신을 더욱 깊숙이 몰아넣는 대신 삶을 앞으로 나아가게 하는 현명한 행동을 선택하는 지혜를 배워야 한다.

컨디션이 좋지 않은 날에도 손이 많이 가는 아이를 봐달라는 누군가의 부탁을 들어주거나, 당신의 행동 하나하나에 쓴 소리를 서슴지 않는 친척들을 집에 초대하거나, 공과금을 낼 돈이 없을 정도로 쇼

핑을 계속 하거나, 과식을 하거나, 사랑하는 사람들에게 고함을 친다면, 당신은 지금 자신의 감정을 현명하게 다스리지 못해 스스로 삶을 더욱 힘들게 만들고 있다는 의미이다.

감정을 잘 다스리는 것은 행복한 삶을 사는 데 필수적이다. 그러나 내가 아는 한 감정 관리학 개론과 같은 이름의 수업은 어디서도 찾을 수 없었다. 또한 자녀들과 슬픔, 아픔, 분노의 감정에 대해 이야기를 나누는 (또는 어떻게 이 감정을 처리해야 하는지 좋은 본보기를 보여주는) 부모도 거의 없다.

격렬한 감정을 다루는 방법을 설명하는 것은 쉽지 않다. 정말로 입사하고 싶던 회사의 입사시험에서 떨어졌을 때, 사랑하는 친구에게서 외면당할 때 등 이런 경우 어떻게 견디는지 사람들에게 묻는다면 뭐라고 답할까? 어떤 사람은 별 일 아니라고 답할 테고, 혹은 마음에 두지 말고 잊으라고 말하는 사람도 있을 것이다. 시간이 약이라는 대답은 아마 가장 흔하게 듣는 말일 것이다. 물론 실제로 맞는 말이기도 하다. 그러나 예민한 사람에게는 그리 쉽게 넘길 수 있는 일이 아니고, 격렬한 감정이 잦아들기까지 기다리는 과정은 너무나 힘들고 아픈 시간이다.

이 책을 읽으면 예민한 사람들의 특징을 알고 이해하게 될 것이다. 당신이 느끼는 강렬한 감정을 다스리는 보편적이고도 구체적인 방법을 배울 것이다. 그럼으로써 일상에서 더욱 현명한 선택을 내리고 사적, 공적 관계를 개선하는 방법을 알게 될 것이다. 감정의 동요를 줄이고, 행동하기에 앞서 먼저 차분히 생각하며, 당신이 느끼고 있는 감정의 실체가 무엇인지 깨닫게 될 것이다.

이 책에서 소개하는 마음을 평온하게 하는 다양한 방법의 핵심은 '꾸준한 훈련'이다. 기존의 행동 패턴을 바꾸는 과정이란 게 쉽지만은 않다. 그러나 인간의 두뇌는 생각하는 것보다 훨씬 유연하다. 따라서 강렬한 감정을 지배하는 법을 배우며 생각 습관을 바꿔나간다면 과식이나 관계 차단처럼 상황을 더욱 악화시키는 극단적인 반응을 멈출 수 있다.

이 책을 천천히 읽어나가길 바란다. 각 장마다 소개된 질문에 꼼꼼하게 답하고 훈련법을 실천해보자. 자신에게 도움이 될 만한 전략이나 아이디어를 발견하면 거기서 잠시 멈추고 1,2주간 해당 전략을 연습해보길 바란다. 그런 후에 다음 장으로 넘어가는 것이 좋다. 훈련이라는 표현이 어떻게 다가올지 모르겠지만, 시간과 노력을 들일 만한 충분한 가치가 있다고 믿어주기 바란다. 감정의 지배에서 벗어난 순간, 당신의 일상은 한결 편안하고 즐겁게 변해 있을 테니까 말이다.

차례

서문 | 예민한 사람들에게 필요한 것은 감정을 다루는 기술이다 ―― 4

1장 남들보다 예민한 사람들의 마음

예민한 사람들의 특징 ―― 20

예민함은 타고난 것일까 ―― 32

예민함에도 단계가 있다 ―― 34

2장 예민한 사람은 감정을 어떻게 표현하는가

정서적 반응성이 높은 사람 vs 정서적 회피성이 높은 사람 —— 42

감정적인 행동이 불러오는 일 —— 48

감정에 지배당하는 순간 해야 할 일 —— 55

3장 예민한 사람을 위한 좋은 생활 습관

수면의 질 높이기 —— 81

감정을 다스리는 데 도움을 주는 규칙적 운동하기 —— 93

계획은 예민한 사람의 불안감을 줄여준다 —— 100

정리정돈으로 편안한 나만의 공간 만들기 —— 103

4장 예민한 기질을 다스리는 마음챙김

감정기복을 벗어나게 해준다 —— 111

따라하기 쉽고 간단한 마음챙김 수행법 —— 118

관찰하고, 수용하고, 분석하고, 기다리는 WAIT 전략 —— 129

내 생각과 감정을 믿는 훈련 —— 133

매일이, 마음챙김 —— 135

마음이 보내는 경고 알아차리기 —— 139

5장 내 감정과 마주하는 연습

감정에 이름표를 붙여야 하는 이유 —— 147

감정의 실체를 파악하는 법 —— 150

감정을 헷갈리게 하는 방해물 —— 157

1차 감정에 귀 기울여야 한다 —— 164

6장 함부로 판단했을 때 벌어지는 일들

판단하는 습관 버리기 —— 182

판단하는 습관이 일으키는 문제들 —— 185

판단하고 해석하는 태도 없애는 법 —— 190

나와 타인에게 너그러워질 것 —— 201

7장 감정에 휘말리지 않고 현명한 선택을 하는 법

예민한 사람들이 알아야 할 의사 결정 방식 —— 207

의사 결정의 여섯 가지 유형 —— 213

의사 결정 과정에서 감정을 분리한다 —— 218

이분법접 사고의 문제점 —— 224

한 번에 하나씩 실행하기 —— 227

실패에 대처하기 —— 230

8장 정체성 확립이 필요한 이유

정체성은 어떻게 확립하는 것인가 —— 238

자기혐오는 이제 그만 —— 254

자신의 가치에 따른 매일을 보내라 —— 262

9장 상처받지 않는 관계를 형성하는 법

우리는 모두 외로운 사람들 —— 274

외로움의 원인 찾기 —— 277

외로움, 자연스러운 삶의 일부 —— 280

유대감을 쌓는 다양한 방법 —— 282

새로운 사람들과 만나보는 시도 —— 289

관계를 오랫동안 잘 이어나가기 위하여 —— 296

관계를 망치는 크고 작은 걱정들 —— 306

깊은 관계 형성에 필요한 것들 —— 311

1장

남들보다 예민한
사람들의 마음

예민한 사람이라면 강렬한 감정이 다른 사람들보다 훨씬 빠르게 나타나고 오래 지속될 것이다. 자신의 감정 반응을 자신조차 예측할 수가 없어 때때로 불안할지 모른다. 감정에 충실하게 행동했을 뿐인데, 심적 고통만 더해지고 예기치 못한 문제가 발생한 적도 적지 않을 것이다.

주변 사람들은 당신이 느끼는 감정의 격렬함을 잘 이해하지 못한다. 아마도 그들은 당신이 너무 예민하다거나, 과민 반응한다거나, 좀 유난스럽다고 말할 것이다. 그러다 보면 자신이 다른 사람들과 다르다는, 그것도 나쁜 쪽으로 다르다는 생각을 하게 된다. 자기 자신을 싫어하는 것을 넘어서 심각할 경우 증오하게 될 수도 있다.

그러나 동시에 예민한 성격을 축복이라 여길 때도 있다. 덕분에 다른 사람들과의 관계에서 연민과 기쁨을 더욱 각별히 느끼고, 깊은 유대감을 쌓기도 할 것이다. 이 같은 능력은 행복의 원천이기도 하다.

예민한 사람들이 자신의 감정을 좋은 방향으로 활용하는 방법을 배우기 위해선 먼저 자신의 특징부터 이해해야 한다. 결코 당신 혼자만의 이야기가 아니다. 많은 사람들이 당신과 비슷한 어려움을 경험하고 있다는 것을 깨닫고, 당신에게 내재된 정서적 민감성을 인정하고 포용하는 것부터 시작해보자.

예민한 사람들의 특징

예민한 사람들이 지닌 특징에는 좋은 점도 있고 나쁜 점도 있다. 어떤 사람은 예민한 기질 덕분에 매우 긍정적인 경험을 하기도 하지만, 예민한 성격으로 빚어진 문제로 고통받는 사람도 있다.

자연에서 받는 위안

예민한 사람들은 자신이 경험하는 상호작용과 사건을 모두 '감정'으로 이해한다. 바람에 날리는 풍선과 같이 사소한 일도 가슴 뭉클하게 받아들인다. 이렇듯 강렬한 감정 때문에 상당한 피로감을 느끼는 탓에 평온함을 유지하는 것이 어렵다.

예민한 사람은 자연에서 안정을 얻는다. 자연과의 유대감을 통해 소속감을 얻고 자신이 혼자가 아니라는 위안을 받는다. 지치고 힘들 때 꽃향기를 맡고, 파도 소리를 듣고, 나뭇잎이 떨어지는 모습을 보고 반려동물과 함께하면 재충전이 된다. 실제로 반려동물에게서 굉장한 위안을 얻기 때문에 반려동물을 지극정성으로 대하는 사람이 많다. 한편, 자연에 대한 애정으로 인해 타인이 자연을 존중하지 않는 모습을 보일 때면 상처를 받는다. 사람들이 동물원에서 침팬지를 보며 즐거워할 때 당신은 침팬지가 우리에 갇혀 있는 모습 때문에 마음이 아파온다. 다친 동물을 볼 때 격렬한 분노를 느끼거나 깊은 슬픔에 사로잡힌다. 어쩌면 어린 시절, 식물까지도 걱정한 나머지 잔디밭을 걸으면서 풀을 다치게 할까봐 조마조마했을 수도 있다.

내 감정에도 타인의 감정에도 민감하다

예민한 사람들은 타인의 감정에도 상당히 민감한 편이다. 누군가 화를 내면 똑같이 (심지어 더 심하게) 분노를 느끼기도 한다. 위로가 필요한 상대에게는 정확히 어떤 이야기를 해줘야 할지 잘 알고 있다. 누군가 울고 있다면 아마 몇 시간이고 이 사람을 걱정할 것이다. 유년 시절, 반 친구가 선생님께 잘못된 행동을 할 때면 선생님의 기분이 상할까 걱정하고, 비싼 준비물이 필요할 때는 집안의 재정 상황을 걱정하기도 했을 것이다. 타인을 기분 좋게 해주고, 의미 있는 선물을 고르는 데도 탁월한 재주가 있다. 당신은 신뢰할 수 있는 조력자이다. 큰일을 겪고 힘들어 하는 친구를 아무도 찾지 않을 때, 당신만은 친구의 곁에 남아준다. 도움이 필요한 곳에는 어디든지 달려간다.

타인의 감정을 잘 읽어낸다는 것은, 다른 사람이 당신의 감정에 지나치게 큰 영향을 준다는 의미이기도 하다. 사람들의 말이나 행동을 확대해석하고, 당신을 어떻게 생각할지 의심하고 걱정한다. 타인에게 상처를 줄까 지나치게 신경 쓰는 나머지 본인의 주장을 펼치지 못할 때가 있다. 고통에 빠진 사람의 문제를 해결해주려 노력하고, 그 과정에서 가끔씩은 그래서는 안 된다는 것을 잘 알면서도 상대방이 원하는 것을 모두 들어주기도 한다. 개인적 일이나 업무로 어쩔 수 없이 타인을 불편하게 할 때는 배탈이나 구토 등의 신체적 증상이 나타나기도 한다.

예민한 사람들은 사람들에게 쉽게 상처를 받는다. 더불어 타인에게 상당한 배려를 베풀기 때문에 필연적으로 인간관계에서 기복을 경험할 수밖에 없다. 또한 많은 사람들과 교류하고 싶다는 강렬한 욕구를 갖고 있다. 그러면서도 천성적으로 주변 사람들에게 민감하게 반응하기 때문에 가끔 어느 선까지 참아야 하고 어디까지 못 본 척 넘어가는 것이 좋을지 판단하는 것이 어렵다. 또한 잘못된 행동을 하는 사람을 보고 그럴 만한 사정이 있을 거라고 변명거리를 생각해내 이해하기도 한다. 누군가 당신에게 무례하게 굴 때, 다른 사람들은 모두 그것을 지적하는 반면 본인만 깨닫지 못할 때도 있다. 어쩌면 혼자인 것보다 불쾌한 사람이라도 곁에 있는 것이 낫다고 생각하는지도 모른다.

사소하게 신경을 거스르는 문제에 쉬이 과민하게 반응하고, 일반 사람들에게는 별 문제가 되지 않는 사안으로 상대와의 연이 끊길까 봐 몇 번이나 고민하기도 한다. 아주 가까운 사람이라도 완전히 신뢰하지 않는 경향도 보인다. 의심이 많은 탓에 타인의 말을 왜곡하거나 타인이 부당하게 군다고 오해할 때도 많다.

한번씩은 너무도 지쳐 사람들을 피하기도 한다. 타인의 가슴 아픈 사연이나 힘겨운 문제를 듣는 것에 피로감을 꽤 느낄 뿐 아니라, 사람들이 당신을 대하는 태도를 지나치게 분석하고 파고들기 때문에 스트레스를 느낀다. 그러다 보면 아무 말도 듣고 싶지 않고 그저 혼자 있고 싶어지는 지점에 이른다.

본인의 감정과 애증관계에 놓여 있다

민감한 사람은 순도 높은 기쁨과 행복, 사랑, 흥분을 온전히 느낄 수 있음에 감사할 뿐 아니라 타인을 배려하고 공감하는 능력이 있어 다행이라 생각하는 한편, 자주 불쾌한 감정을 느끼며 고통스러워 한다. 어떤 상황에서 자신이 얼마나 화를 내게 될지, 그 분노가 얼마나 지속될지 스스로도 예측할 수 없다. 차라리 아무런 감정도 느끼지 않길 바랄 때도 있다.

이러한 사람들이 느끼는 가장 큰 두려움은 자신의 정서적 반응으로 중요한 인간관계를 망치는 것이다. 예민한 기질로 인해 친구를 잃거나 가족과 등을 지거나 연애 상대를 놓쳤던 경험을 한 사람이 많다. 이들은 아마도 다시는 절제력을 잃지 않겠다거나 섣불리 반응하지 않겠다고, 또는 그 횟수를 줄이겠다고 몇 번이나 다짐했을 것이다.

예민한 사람들은 특히나 분노를 통제하는 것을 힘들어 한다. 화가 날 때면 공격성을 주체하기 어렵다. 섣불리 판단한 오해 때문에 격렬한 감정에 휩싸여 분노를 표출하지만, 결과적으로는 말 그대로 오해에서 비롯된 것인 경우가 많다. 그런데 갈등을 두려워하고, 갈등을 해소하는 능력이 부족한 탓에 상대와 오해를 푸는 것이 더욱 힘들다. 그래서 때로는 상대와 연을 끊겠다고 다짐하지만 몇 시간 후에는 자신의 선택을 후회한다. 사랑하는 사람들과의 관계 속에서 경험하는 감정 기복은 특히나 고통스럽다. 자신의 정서적 반응 때문에 친구나 주변 사람을 잃는 고통을 겪고 싶지 않아 차라리 혼자 있는 쪽을 택한다.

이런 사람들은 보통 자신의 예민한 성격을 부끄럽게 생각하기 때문에 감정을 숨기려 꽤 많은 노력을 한다. 자신의 감정을 드러내면, 특히나 쉽게 눈물을 보이면 다른 사람들이 당신을 나약하거나 똑똑하지 않다고 여길 거라 생각한다. 이러한 자기 판단self-judgment으로 인해 자신의 감정을 모른 척하고 그 결과 감정을 컨트롤하는 것이 더욱 어려워진다.

거절에 민감하다

거절 민감성은 예민한 사람이 인생을 평온하게 사는 데 큰 걸림돌이 된다. 어떤 유형의 상호작용이든 거절의 가능성을 내포하기 마련이다. 그런데 예민한 사람들은 대인관계에서 경험하게 될 고통이 싫어 사람을 사귀는 것 자체를 두려워하는 경향이 있다. 지인의 사소한 지적에도 의기소침해진다. 친구에게 다양한 다른 친구들이 있다는 것을 알면서도 당신을 점심 약속에 초대하지 않을 때는 외톨이가 된 것 같은 기분을 느낀다. 상대의 특별하지 않은 어조에서조차 상대가 당신에게 호감이 없다고 오해하기도 한다. 머릿속으로 대화를 계속 곱씹으며 자신이 말실수를 한 것은 아닌지, 그래서 상대가 앞으로 당신을 피하지는 않을지 전전긍긍한다. 정작 본인도 이 사람과 깊은 관계를 유지하고 싶은 마음이 없지만 이성의 상대가 전화를 하지 않으면 상처를 받는다. 학교나 일터에서 성과를 내지 못하는 것 또한 일종의 거절로 받아들이기 때문에 과감한 도전이나 시도를 하지 않는다. 이렇듯 거절 민감성은 당신의 삶 전반에 걸쳐 영향을 미친다.

피로를 자주 느낀다

지속적으로 강렬한 감정을 처리하는 일은 상당히 피곤한 일이다. 예민한 사람들은 자신이 감당하기 어려운 감정을 느낄 때 세상으로부터 잠시 몸을 숨기고 싶다는 생각을 한다. 혼자 시간을 보내거나 마음의 안정을 주는 '안전한' 사람들과 함께 있기를 원한다. 아무도 당신을 모르는 낯설고 바쁘게 돌아가는 곳에서 이방인으로 지낼 때 편안함을 느낀다. 문제는 세상에서 멀어지고자 하는 자신의 모습을 못마땅해 하며 자기 비판적인 태도를 취한다.

의사결정을 어려워 한다

자신이 느끼는 감정이 너무도 강렬해 압도당하고 혼란스럽기 때문에 어떠한 선택을 하거나 실행에 옮기는 것이 어렵다. 자신이 느끼는 감정을 사실이자 실재로 받아들일 때도 있다. 어떤 일의 결과를 신중하게 생각하지 않고 즉흥적으로 반응하기도 한다. 해결하기 어려운 문제를 맞닥뜨릴 때 금세 의욕이 꺾이고 포기하고 싶어진다. 삶이 자신에게만 너무 어려운 것 같고, 다른 사람들처럼 쉽게 결정하고 행동하고 싶다고 바랄 때가 많다.

직관적 사고 발달

직관이란 합리적인 추론이 아닌 본능적으로 상황을 이해하는 능력을 의미한다. 직관적 사고는 우리가 의식하지 못하는 사이에 이뤄지고 때로는 이성적으로 설명하기 어렵다. 예민한 사람들은 직관이 뛰어난 경우가 많다.

무언가 위험하다, 누군가 거짓말을 하고 있다, 혹은 이제 막 알게 된 사람이지만 그는 내 운명이다 등 무언가를 '그냥 알게 되는' 경험을 한 적이 있을 것이다. 결과가 좋을 거라든가, 이 제안을 받아들여선 안 된다는 것을 어떻게 '아는지', 왜 그런 결정을 내리게 되었는지 논리를 설명할 수 없지만 그냥 '아는' 경우가 많다.

직관적 사고 능력은 살면서 중요한 무기가 되기도 하지만 지나치게 강렬한 감정에 사로잡히게 되면 그 능력을 제대로 활용하기가 어렵다. 예컨대, 불안감이 큰 사람은 유독 배우자의 부정적인 감정과 생각을 민감하게 알아차리고 긍정적인 상호작용에는 둔감하다. 부정적인 면에 초점이 맞춰진 결과 관계의 상이 왜곡되곤 한다. 본인의 직관을 생산적으로 활용하는 법을 깨닫기가 어렵다.

창의력이 뛰어나다

창의력은 다양하게 표출된다. 예민한 사람은 예술성이 뛰어나거나 음악적 능력이 탁월하거나, 글쓰기나 인테리어 디자인에 특출한 재능을 보인다. 꽃꽂이를 잘하거나 패션 센스가 뛰어난 경우도 있다.

상상력이 뛰어나거나 굉장히 멋진 파티를 기획하는 능력도 있다.

　예민한 사람에게는 '빅 픽쳐'를 보는 눈이 있다. 기존과 다른 방식으로 물건을 전시하거나 새로운 결과물을 탄생시키기 위해 어떤 변화를 주어야 하는지 파악하는 능력이 뛰어나 새롭고 신선한 해결책을 떠올리는 경우가 많다. 이러한 능력은 혁신적 해결책이 높이 인정받는 비즈니스 세계에서 가치를 크게 인정받는다. 예를 들어 청소 도구를 광고해야 할 때, 학부모 대상으로는 청소 시간을 단축시킨 덕분에 자녀들의 공부를 관리해줄 시간을 확보할 수 있다거나, 전업주부를 타깃으로 까다로운 시어머니에게서 감탄을 자아낼 수 있다는 식의 공감을 얻는 접근을 손쉽게 떠올린다.

정의감이 투철하다

자신에게 직접적인 영향이 없다 해도 불의에 민감하게 반응하는 경향이 있다. 공정하지 않은 상황을 볼 때 분노하고, 피해를 입은 사람 편에서 싸울 준비가 되어 있다. 이런 성향 때문에 가끔 다른 사람의 일을 대신 해결하겠다고 나서는 경우가 생긴다. 가령, 아들의 학교에 대신 전화를 걸어 동생 때문에 학교에 늦은 것이니 지각으로 처리되어선 안 된다고 설명하는 식이다. 정의로운 세상을 위한 노력이 다른 사람들에게는 오지랖이나 주제 넘는 행위로 비춰지지만 당신의 입장에서는 어떻게 사람들이 아무런 조치도 취하지 않고 부당한 일을 지켜보기만 하는지 이해할 수 없다.

정체성이 흔들리곤 한다

정체성이란 한 인간으로서 자기 자신을 어떻게 이해하고 있는가를 설명하는 개념이다. 좋아하는 것, 싫어하는 것, 가치판단, 성격 등이 이에 해당한다. 그런데 격렬한 감정은 자기 자신을 왜곡 없이 이해하고 삶의 가이드가 되는 핵심 가치를 찾아가는 데 방해물이 된다. 예민한 사람은 주변 사람들에게 쉽게 영향을 받고 상황에 따라 이리저리 휘둘리곤 하기 때문에 길을 잃고 표류하는 듯한 기분을 느낀다.

혹자는 내게 이런 말을 했다. "제가 누군지 잘 모르겠어요. 상황에 따라 매번 저란 사람이 달라지는 것 같아요." 이렇게 말하는 사람들도 있었다. "아직도 저를 알아가고 있는 중이에요." "변덕이 심한 것 같아요. 다른 사람이 원하는 사람이 되려고 노력하다가 제가 사라지는 기분이 들어요."

감정은 개인의 정체성을 파악하는 데 중요한 정보를 전달하기 때문에 감정을 느끼고 제대로 관리하는 것이 무척 중요하다. 감정을 억누르는 것은 자신이 무엇을 좋아하고 싫어하는지 정확하게 인지할 수 있는 피드백을 차단하는 것이다. 반대로 너무 강렬한 감정을 느낄 때도 감정이 내포한 진짜 정보를 읽어내기가 어렵다.

확고한 정체성이 형성되지 않았기 때문에 함께 있는 사람들이나 머무는 장소에 따라, 혹은 읽고 있는 책이나 빠져 있는 영화에 따라 자아상이 달라지기도 한다. 카멜레온처럼 주변 환경에 맞춰 스스로를 변화시키는 것이다. 가령, 자신은 자급자족의 삶을 꿈꾸는 환경운동가라고 생각하다가도 일주일 후에는 종교적 대의에 따라 헌신하는 삶에 열정을 느끼는 식이다.

예민함은 타고난 것일까

수십 년 동안 인간의 행동 양식과 성격이 유전자에 의해 결정되는지, 경험에 의해 결정되는지에 대한 논쟁이 계속 이어져 왔다. 현재로서는 생물학적, 환경적 요인이 모두 개인의 성격과 감정을 통제하는 능력에 영향을 미친다는 것이 정설이다.

변증법 행동치료^{DBT}를 전문으로 하는 테라피스트로서 나는 마샤 리네한^{Marsha Linehan}의 생물사회학적 모형^{Biosocial Model(1993)}을 토대로 정서적 민감성을 이해한다. 심리학자이자 변증법 행동치료법을 개발한 리네한은 경계성 성격장애^{BPD}를 치료하기 위해 생물사회학적 모형을 고안했다. 경계성 성격장애는 간단히 말해 감정을 관리하는 것이 어려운 수준을 넘어서 정서적으로 불안정한 모습을 보이는 성격장애이다. 리네한의 이론에 따르면 태생적으로 다른 사람들보다 예민한 사람들이 있다고 한다. 타고난 기질적인 예민함에 더해 유년 시절에 정서적 특성을 인정받지 못한 환경에서 자라게 된다면? 본인이 느끼고 생각하고 행동하는 것이 언제나 틀렸을지도 모른다는 인식이 강해지고, 그 결과 경계성 성격장애가 형성되기도 한다.

물론 정서적으로 예민한 사람이 반드시 부정적인 양육환경에서 자랐다고 이해해선 안 된다. 그러나 양육자가 정서적 민감성의 특징을 잘 이해하지 못하거나 부정적으로 반응하는 환경에서 자랐다면 아이는 자신의 감정을 있는 그대로 받아들이거나 통제하는 데 어려움을 겪었을 가능성이 크다.

예민함에도 단계가 있다

정서적 민감성을 기질적으로 타고난 탓에 살면서 다양한 스트레스를 경험하면서도 성격, 행동 장애는 발현되지 않는 사람들도 있다. 물론 이와 반대인 경우도 있는데, 그 원인이 아직 명확히 밝혀지지는 않았다. 예민한 사람들 가운데 몇몇은 독서 등 심도 있는 취미 활동이나 이웃, 부모, 조부모, 스승과 의지할 수 있는 관계를 형성한 것이 삶에 대한 적응력을 높이는 데 큰 도움이 되었다고 밝혔다.

우울증, 불안 장애, 경계성 성격장애 등 기본적으로 감정 처리와 관련한 심리 장애 진단을 받았다면 해당 질환을 치료하는 것을 가장 우선시해야 한다. 심리 치료가 우울증, 외상 후 스트레스 장애, 강박 장애, 공황 장애, 사회 불안 장애, 공포증, 경계성 성격장애 환자의 뇌를 긍정적으로 변화시킨다고 주장하는 연구만 해도 최소 열아홉 건이나 있다(라비노비츠^{Rabinovitz} 2012). 그리고 현재 심리 치료를 받고 있다면, 여기에 소개된 방법을 실천하기 전에 의사와 상의하길 바란다.

이 책은 심리 장애를 의학적으로 치료할 목적으로 쓴 것은 아니다. 다만 이 책에서 말하는 다양한 대처 방법들이 예민한 사람들의 삶을 보다 긍정적인 방향으로 바꿔놓을 수는 있을 것이라 확신한다.

예민함의 허리케인 평가척도

~~~~~

정서적으로 예민하고 참기 힘든 감정을 느낀다고 해서 사람들과 본질적으로 다른 사람인 것은 아니다. 다만, 예민하다는 것은 비유하자면 허리케인 속에서 사는 것과 같다. 허리케인의 강도는 예민함 정도에 따라 달라진다. 낮은 강도(카테고리1)에 속한 사람들은 다른 사람들에 비해 약간 예민한 수준이다. 한번씩 격렬한 감정을 느끼지만 인간관계나 삶의 목표에 그다지 영향을 미치지 않는다. 중간(카테고리 3)에 속한 사람들은 감정의 격렬함을 불편할 정도로 느끼고 상대적으로 중요도가 낮은 관계나 일에서 곤란함을 겪는다. 예컨대 새로 시작되는 대인관계, 업무적 관계, (새학기 등교 등) 정서적 불안감을 야기하는 활동이 이에 속한다. 가장 끝(카테고리 5)에 속한 이들은 극도의 예민함을 지녔고, 압도적인 감정을 지속적으로 느끼는 탓에 가족 및 친구 관계를 포함해 일상생활을 제대로 영위하기가 어렵다.

당신이 어디에 속해 있는지 대략적이나마 아는 것이 중요하다. 만약 4,5의 예민함이라면(앞서 서문에 소개된 자가 진단에서 '상당히 예민함'이 나왔다면) 그렇지 않은 사람들보다 감정 관리 기술을 더욱 적극적으로 배울 필요가 있다. 2장부터 펼쳐지는 다양한 마음 훈련법이 당신의 삶의 질을 높이는 데 크게 도움이 될 것이다.

✴ 정리 ✴

예민하다는 것은 최고의 선물이자 동시에 최대의 난제이다. 너무도 강렬한 감정에 사로잡힐 때면 고통스럽고 또한 그것이 다른 악순환을 불러오기도 하는 탓에 정서적 민감성이 주는 긍정적인 면을 깨닫기가 힘들다. 그렇기 때문에 감정에 압도당하지 않도록 감정을 잘 다스리는 방법을 배우는 것이 매우 중요하다. 그러기 위해서는 먼저 당신의 예민성을 파악하고 어떤 특징이 있는지 살펴볼 필요가 있다. 2장에서 그러한 특징을 알아보고 기본적인 감정 관리 기술에 대해서도 배워보자.

2장

예민한 사람은 감정을 어떻게 표현하는가

이성적 사고가 성숙함과 지성의 상징으로 보일 때가 많다. 예민한 사람의 경우 감정이 이성을 지배하는 경우가 많은 탓에 성숙하고 지적인 모습을 보이고 싶다는 바람이 커질수록 감정을 수용하고 처리하는 것이 더욱 힘들어진다. 그들은 슬픔이나 두려움, 질투심 등을 느끼지 않는다면 삶이 한결 수월해질 거라고 믿는다. 이러한 감정을 느끼지 않는다면 분노로 눈물이 터질 때 다른 사람들의 시선을 견뎌야 할 일도 없고, 아침에 마주친 이웃이 왜 인사를 하지 않았는지 하루 종일 생각하는 당신을 철부지 보듯 하는 사람들로부터 자유로울 수 있을 테니까. 그리하여 극단적으로는 감정을 느끼지 않는 삶을 바라기도 한다.

그러나 감정은 당신이 안전하고 만족스러운 삶을 사는 데 필요한 중요한 정보를 전해준다. 예컨대, 두려움은 위험에서 멀어져야 한다는 신호이고, 사랑은 누구를 보호해야 할지, 누구와 깊은 관계를 맺어야 할지 알려주며, 기쁨은 긍정적인 경험을 더욱 감사하게 여길 줄 아는 태도를 가르쳐준다. 또한 감정은 행동을 이끄는 강력한 동기이다. 도움이 필요한 사람들, 어려움에 빠진 사람들을 돕는 원동력은 이성이 아니라 감정이다(리네한, 1993). 물에 빠진 어린 아이를 구하기 위해 얼음장 같은 호수에 뛰어들게 만드는 것은 이성이 시키는 일이 아니다.

따라서 일방적으로 감정을 억제하는 것만이 능사는 아니다. 자신의 감정 정보를 바탕으로 이성적 사고를 할 때 일상에서 더욱 건강한 의사결정을 내릴 수 있다. 감정을 수용하고 그 감정이 내포한 정보를 이해하려면 먼저 본인의 감정 표현 유형부터 파악해야 한다.

정서적 반응성이 높은 사람
vs 정서적 회피성이 높은 사람

정서적 민감성은 반응성과 회피라는 상반된 유형으로 표현된다. 각각의 유형에 따라 행동 양식을 구분지어 소개할 예정이지만, 읽다 보면 둘 다에 해당하거나 중간쯤 어딘가에 속한다고 느낄 수도 있다. 혹은 처한 상황에 따라 개인의 민감성 유형이 다르게 표출되기도 한다.

'정서적 반응성'이 높아 감정대로 행동하는 사람

정서적 반응성이 높은 사람은 생각하지 않고 감정에 따라 행동한다.

분노, 슬픔, 행복, 흥분 등의 감정을 열정적으로 표현한다. 돈이 없어도 친구를 만나러 가기 위해 비행기 표를 끊는다. 파티에서 라인댄스나 노래를 따라 부르는 데 1등으로 참여한다. 상사가 휴가 요청을 승인하지 않으면 상사에게 분노에 찬 이메일을 보내기도 한다. 배우자의 핸드폰에서 낯선 이성의 문자를 발견할 때면 배우자 옷을 모두 집밖으로 집어던진다. 그러나 다음날 진정이 된 후 문자에 별다른 뜻이 없었다는 것을 깨닫고는 배우자에게 수십 통의 사과 문자를 보낸다.

그들은 보통 강력한 감정과 함께 찾아오는 충동을 억제하는 것이 힘들다. 상사에게 분노 가득한 이메일을 쓸 당시에는 해고가 되든 말든 이후의 일어날 일은 안중에도 없다. 어쩌면 배우자의 비서가 고객과의 약속 일정을 알려주는 문자를 보냈을 거라고 생각 못하고 배우자의 옷을 집어던진다. 당시의 감정으로 이해하자면 당신의 행동은 타당했다. 그러나 시간이 흐른 후에는 충동적으로 행동했다는 사실을 깨닫고 얼굴이 뜨거워진다. '다시는 그러지 않겠다'고 다짐하지만 매번 같은 행동을 반복한다.

정서적으로 반응성이 높은 사람의 경우 혼란을 줄이기 위해서는 우선 무언가를 하고자 하는 충동을 참아야 한다. 감정을 진정시킬 방법을 찾아야 명료하게 생각할 수 있고 어떤 행동이 가장 효과적일지 판단할 수 있다. '마음챙김(4장 참고)'은 충동과 행동 사이의 시간차를 의도적으로 지연시키는 데 효과적이다. 이번 장 후반부에 소개되는 마음을 안정시키는 기술 또한 큰 도움을 준다.

감정을 차단하는 '정서적 회피' 유형

여기에 속하는 사람이라면 불편한 감정이나 불편한 감정을 불러일으키는 상황을 피하고 싶어 할 것이다. 감당하기 어려운 감정은 아예 완전히 모른 척하는 것이 현명하다고 생각한다. 때문에 과한 운동, 과로, 과식 등과 같은 행동으로 감정을 마비시킨다. 감정을 저 멀리 치워 그 존재를 잊고, 어떤 경우에는 감정이 생겨난 것을 본인조차 눈치 채지 못할 정도로 재빠르게 차단해버린다. 자연스럽게 생겨나는 감정을 모른 척하는 것은 상당한 에너지를 필요로 하므로 피로를 느낄 때가 많다. 갑작스럽게 피로를 느낀다면 당신이 감정을 애써 밀어내고 있다는 방증이기도 하다.

혹은 자신이 현재 어떤 감정을 느끼고 있는지 알면서도 사람들 앞에서 가면을 쓴다. 얼굴에 미소를 띠고 사소한 실망감조차 드러내지 않으려 한다. '저는 괜찮아요. 모든 게 다 좋아요' 같은 말을 하기도 한다. 그런가 하면, 슬픔과 같이 자신을 나약하게 만드는 감정을 감추고 대신 분노를 드러낼 때도 있다.

우선 문제를 인식해야 해결책을 찾을 수 있듯, 마음챙김(4장 참고)

을 통해 힘든 감정을 제대로 인식하고 나면 해당 감정을 다스릴 방법을 찾을 수 있다. 자신의 신체적 반응을 인지하고, 내면의 충동을 분석하고, 그 원인을 밝혀(5장 참고) 감정의 실체를 정확하게 파악한다면 감정이 전달하는 정보에 효과적으로 반응하는 법 또한 깨달을 수 있다(리네한, 1993).

감정을 회피하는 성향의 사람은 이 책에 소개될 연습문제와 훈련을 건너뛰고 싶은 마음이 클 것이다. 그러나 그 충동을 억누르고 모두 완료한다면 회피하는 성향을 극복하는 데 큰 도움을 받을 것이다.

긍정적인 감정만 좇는다

정서적 회피란 긍정적인 기분만 경험하고 싶다거나 고통을 피하고 싶다는 바람에서 비롯된다. 장기적으로 볼 때 회피가 더욱 파괴적인 결과만 불러올지라도 말이다. 좋은 기분을 유지하기 위해 불편한 감정을 모른 척하겠다는 전략은 별 효과가 없다. 어쩌면 당신은 항상 행복을 좇지만 막상 진정한 행복은 경험한 적 없을지도 모른다. 컵케이크 하나를 먹고 난 뒤 딱 하나만 더 먹으면 좋겠다고 생각한 적이 있을 것이다. 그러나 두 번째 컵케이크를 먹은 뒤 정말로 행복하다고 느끼진 않았을 것이다. 커피를 중독처럼 마시거나, 이미 충분히 누리고 소유하고 있음에도 계속 옷을 산 적이 있을 것이다. 끊임없는 갈망과 바람은 실상 불행만 낳는다.

과식, 과음, 과소비 및 그밖에 순간적으로 기분을 좋게 하는 (그리고 불편한 감정을 피할 요량으로 하는) 행동에 대한 충동을 이겨내는 것은 물론 힘든 일이다. 하지만 하등 좋을 것 없는 행동이므로 그러한 욕구에 시달릴 때면 대신 다른 무엇을 할지 구체적인 계획을 세워야 한다. 운동을 하거나 친구들과 게임을 하거나, 친구들에게 전화를 해 도움을 요청하는 등 효과적인 대체 행동을 찾는 것이 좋다.

또 다른 방법은 해당 행동을 해선 안 되는 이유를 가급적 많이 적어보는 것이다. 그리고 그 목록을 항상 소지하고 다니면서 결과적으로는 고통만 가중시킬 파괴적 행위를 하고 싶은 충동이 찾아올 때마다 읽어본다. 그럼에도 도무지 잘못된 행동을 멈출 수 없다면 전문가의 도움을 받거나 중독 모임에 참석하는 것도 고려해볼 수 있다.

순간적인 좋은 기분만 좇는 심리의 이면에는 어쩌면 자신의 진짜 감정을 두려워하는 마음이 숨어 있을 수 있다. 혹은 자신의 어떤 감정에 대해 공포증이 생겨 해당 감정이 찾아올 때마다 불안해지는 경우도 있다.

감정 공포증

감정 공포증이 생기는 이유는 다양하다. 어렸을 적 분노 등의 특정 감정을 표출할 때마다 양육자가 너무 엄하게 꾸짖었던 기억에서 비롯된 경우도 있다. 어쩌면 감정을 표현하는 것이 '나쁜 일'이라고 배웠을 수도 있다. 과거 극심한 우울증을 겪었던 경험으로 인해 슬픔에 빠지면 다시금 그 힘들었던 때로 돌아갈까봐 슬픔이란 감정을 몹시 두려워하는 사람도 있다. 또는 감정적일 때 통제력을 잃게 될까봐 겁나는 것일 수도 있다. 이유가 무엇이든 자신이 두려워하는 감정을 경험할 때 공황 상태에 빠진다. 해당 감정이 찾아오려고 하는 순간 사고가 마비되거나 도망치고 싶은 충동에 사로잡힌다. 순간 공황 상태에 빠지기 때문에 어떤 감정으로 인해 공황이 야기된 것인지 명확히 깨닫지 못하고 그저 불안감에 잠식되었다고 인식하기도 한다.

감정에 대한 두려움을 극복하기 위해선 감정을 경험해야만 한다. 감정을 느껴야만 그 감정이 영원히 지속되지 않을 거란 사실을 깨닫고 견뎌낼 수 있다는 것을 배울 수 있다. 때론 이 과정에 심리 치료사의 도움이 필요할 수도 있다.

감정적인 행동이 불러오는 일

정서적 반응성이 높든, 회피 성향이 짙든, 혹은 때에 따라 두 가지 경향을 오가든 감정은 개인의 삶 전반에 지대한 영향을 미친다. 다음의 문항에 답하다 보면 자신이 느끼는 격렬한 감정이 삶에 어떻게 도움이 되고 또 어떻게 방해가 되는지 살펴볼 수 있다.

답을 쓰는 과정이 고통스러울 수도 있다. 그럴 때는 가까운 누군가의 도움을 받거나, 친구와의 즐거운 점심식사처럼 해당 훈련을 마친 뒤 몰두할 수 있는 일을 미리 계획해 두는 것도 좋다. 단, 불편한 생각을 머릿속에서 떨쳐낼 수 있는 일이어야 한다.

변하고 싶은 이유와 목표를 분명히 깨닫는다면(이 경우에는 감정 대처 기술을 배운다는 것이 목표이다) 보다 성공적으로 변화를 달성할 수 있다. 그러나 만약 답변을 적는 과정에서 상당한 정서적 불편함을 느낀다면 심리 치료사의 도움이나 승인하에 실행하길 바란다.

강렬한 감정에 따른 득과 실

각 분야별로 예민함이 좋게 혹은 나쁘게 작용한 경우를 적어본다. 좋았던 경우는 바로 떠오르지 않을 수도 있지만, 곰곰이 생각해보면 격렬한 감정 덕분에 삶이 한결 충만해졌던 경험이 분명 있을 것이다(웹사이트 http://www.newharbinger.com/29934 에서 전문을 다운받을 수 있다).

▶ **이성관계, 결혼**

Q. 예민함이 긍정적으로 작용한 경우가 있는가?

———————————————————————————————

Q. 예민함이 부정적으로 작용한 경우가 있는가?

———————————————————————————————

▶ **일**

Q. 예민함이 긍정적으로 작용한 경우가 있는가?

Q. 예민함이 부정적으로 작용한 경우가 있는가?

▶ **양육**

Q. 예민함이 긍정적으로 작용한 경우가 있는가?

Q. 예민함이 부정적으로 작용한 경우가 있는가?

▶ **삶의 목표**

Q. 예민함이 긍정적으로 작용한 경우가 있는가?

Q. 예민함이 부정적으로 작용한 경우가 있는가?

▸ 친구관계

Q. 예민함이 긍정적으로 작용한 경우가 있는가?

_____

Q. 예민함이 부정적으로 작용한 경우가 있는가?

_____

▸ 사회적 활동 및 관계

Q. 예민함이 긍정적으로 작용한 경우가 있는가?

_____

Q. 예민함이 부정적으로 작용한 경우가 있는가?

_____

▸ 여가, 취미

Q. 예민함이 긍정적으로 작용한 경우가 있는가?

_____

Q. 예민함이 부정적으로 작용한 경우가 있는가?

_____

▶ 종교활동

Q. 예민함이 긍정적으로 작용한 경우가 있는가?

Q. 예민함이 부정적으로 작용한 경우가 있는가?

이제 답변에서 공통적인 패턴을 찾아보자. 예민함의 긍정적, 부정적 효과가 분야를 막론하고 유사하게 드러나고 있는가? 정확히 본인의 어떤 부분을 바꾸고 싶은가? 예컨대, 책임지고 완수해야 하는 프로젝트임에도 의욕을 잃고 포기하는 경우가 많았는데 앞으로는 끝까지 해내고 싶다는 생각이 들었을 수도 있다. 이 경우 '좌절감'에 효과적으로 대처하는 법을 배우는 것을 목표로 삼아야 한다.

다음은 당신이 감정을 어떻게 표현하는지 구체적으로 살펴볼 예정이다. 특정 감정을 느낄 때 전형적으로 보이는 행동 패턴을 깨달으면 더욱 분명하게 자신의 의사를 밝힐 수 있게 된다. 정서 반응 패턴을 파악해야 그 가운데서 효율적이지도 건강하지도 않은 패턴을 변화시킬 수 있다.

감정과 행동

앞으로 1,2주 동안 아래의 차트에 적힌 감정을 경험할 때마다 '1 = 약함', '5 = 강렬함'을 기준으로 숫자를 적어보라. 그리고 그렇게 느낄 때마다 자신이 어떤 행동을 하는지 기록해본다. 예를 들어 슬플 때는 눈물을 흘린다는 식이다. 혹은 친구와 대화를 한다, 과식한다, 쇼핑을 한다, 감정을 외면한다 등으로 적을 수 있다.

특정 감정에 어떻게 반응하든 당신이 바라는 결과가 있을 것이다. 예를 들어 슬픔이란 감정이 생겼을 때 당신이 정말로 바라는 결과는 슬픔을 불러온 일을 깔끔하게 잊거나 누군가에게서 위로를 받는 것일 수 있다. 그런데 실제로는 슬플 때마다 과식하는 경향이 있다면? 장기적인 결과는 고려하지 않고 오직 순간적인 행복에 집중한 결과이다.

이처럼 '실제 결과'라고 적힌 칸에는 단기적, 장기적으로 실제로 벌어진 일을 기록한다. 기대하고 예상한 일이 펼쳐졌을 수도 있고 다른 결과가 펼쳐졌을 수도 있다. 예를 들어 당신이 분노를 표할 때 친구가 무슨 일인지 물어봐주길 바랐지만 실제로 친구는 당신을 외면했을 수도 있다.

감정을 경험한 후 해당 정보를 가능한 한 빨리 기록할 것을 추천한다. 빠를수록 더욱 정확한 정보와 실질적인 도움을 얻을 수 있다.

감정	강도(1~5)	자신이 한 행동	기대했던 결과	실제 결과
슬픔				
분노				
질투				
좌절				
두려움				
사랑				
수치심				
거절				

차트를 완성한 후(대략적으로 적을 것이 아니라 공란을 모두 채워야 한다), 자세히 살펴보길 바란다. 그리고 감정이 행동에 어떤 영향을 미쳤는지 패턴을 분석해본다. 어떤 행동은 당신이 바라던 결과를 이끌어준 반면, 어떤 행동은 기대와 전혀 다른 결과를 가져오기도 했을 것이다. 어떤 감정을 느낄 때마다 당신에게 도움이 되지 않거나 원치 않는 결과를 불러오는 행동을 반복하고 있진 않은가? 감정의 강도에 따라 행동이 달라지기도 하는가? 분명히 당신의 감정과 행동 사이에 어떤 패턴이 보일 것이다.

앞으로 감정 처리 기술에 대해 본격적으로 배워나가기에 앞서 자신의 감정과 행동을 직접 기록하며 깨달은 점을 잊지 않길 바란다. 그래야 원치 않는 결과를 유도하는 행동을 고칠 수 있다.

감정에 지배당하는 순간 해야 할 일

지금쯤이면 자신이 감정에 지배당할 때 이성적으로 행동하지 못하는 경우가 많고, 그로 인해 장기적으로 본인에게 안 좋은 결과가 나온다는 것을 깨달았을 것이다. 그다지 새로운 사실은 아니다. 당신은 이미 수차례 감정에 휘둘리지 않겠다고 다짐했을 수 있다. 어쩌면 자신이 약속한 것을 지키지 못하는 이유가 의지력이 약하기 때문이라고 판단했을 수도 있다. 그러나 누구나 의지력은 한정되어 있고, 당신도 남들만큼의 의지력은 갖추고 있다. 누구나 몇 시간 혹은 며칠 동안은 결심을 지키겠지만 결국 다시금 감정에 지배되는 순간이 찾아온다 (바우마이스터Baumeister 외, 1998).

감정을 다스리는 데 의지력은 의외로 별 효과가 없다. 감정 관리에 있어 굉장한 의지력을 발휘하거나, 감정을 외면하거나, 기분이 좋아지는 다른 행동을 하는 것은 결국 장기적으로 봤을 때 더욱 끔찍한 상황을 초래하고 당신을 더욱 옭아맬 수 있다(맥고니걸McGonigal, 2012). 사실 본인도 효과가 있는 방법이 무엇인지 알지만 활용하지 않을 뿐이다. 자신의 행동을 통제할 수 없다고 느낄 때에는 스스로 상황을 긍정적으로 바꿀 수 있다는 믿음을 지키기가 힘들다.

앞으로 소개하는 방법을 연습한다면 통제력을 잃고 휘둘리는 경험을 줄여나갈 수 있다. 그리고 이어질 장들에서 더욱 상세한 전략을 배우게 될 것이다. 하지만 무엇보다 먼저 명심해야 할 것이 있다. 도움이 되는 전략을 그저 머리로 아는 것만으로는 충분치 않다는 (어찌 보면 당연한) 사실이다. '효과가 있을까?' 의심하지 말고 반드시 직접 연습하고 활용해보는 것이 중요하다.

감정의 원인을 파악한다

예민한 사람은 왜 이런 기분을 느끼는지 스스로도 확실히 알지 못할 때가 많다. 우울하거나 두렵거나 화가 나지만 그 이유를 알지 못하는 것이다. 자신이 어떤 감정을 느끼고 그 원인이 무엇인지 정확하게 파악할 수 있다면 더욱 효율적으로 해당 감정을 처리할 수 있다(리네한, 1993). 가령, 걱정되고 두려운 감정이 찾아오는 원인이 눈보라 예보 때문이라면 음식을 미리 비축해놓고 차에 스노타이어 체인을 장착하는 등의 이성적이고 건설적인 조치를 취할 수 있다.

문제를 해결하기 위해 적절한 행동을 취하고, 문제 상황 속에서 변화를 이끌어내고자 하는 자세는 감정을 관리하는 데 효과적이다. 그러나 가끔은 무언가 할 수 있는 일이 없는 상황에 처하기도 한다. 예를 들어 사랑하는 사람이 내일 가벼운 수술을 하게 되어 불안한 경우이다. 그런데 이 경우도 잘 생각해보면, 이 상황을 바꾸기 위해 당신이 할 수 있는 일은 없을지언정 최소한 당신을 불안하게 하는 이유가 시간이 지나면 사라진다는 것을 깨달을 수는 있다. 잠깐 동안만 불안감을 다스리면 된다는 사실을 깨닫고 나면, 마음의 평안을 찾거나 스스로 불안감에서 잠시 벗어날 방법을 강구해볼 수도 있다.

예를 들면 이런 경우다. 당신은 일주일 내내 불편한 감정에 시달리고 있다. 그러다 결국 불편함을 야기하는 원인이 무엇인지 고민하기 시작한다. 지난주에 지원한 회사로부터 결과를 듣지 못해서였음을 깨닫는다. 이제 조금 더 큰 관점에서 자신의 감정을 들여다본다. 물론 그 회사에 다니면 좋겠지만 탈락한다고 해도 세상이 끝나는 것은 아님을 깨닫고는 웃으며 고개를 내젓는 것이다. 해당 감정을 불러일으키는 진짜 원인을 찾는다면 감정에 대응할 수 있게 된다.

예민한 사람들은 자신의 마음이 동요하는 이유가 삶이 끔찍하기 때문이라고 말하기도 한다. 이런 생각은 고통을 가중시킬 뿐이다. 사실 삶이 끔찍하다는 생각은, 당신이 마음의 상처를 입었기 때문에 얻은 '결론'이지 감정의 '원인'이 아니다. 삶이 끔찍하다고 생각한다면, 그렇게 생각하게 된 구체적인 사건이 있었는지 살펴봐야 한다. 자신의 삶이 엉망이라고 생각된다면 가장 최근에 어떤 일로 인해 그런 생각을 갖게 되었는지 알아보자. '엄마에게 월세를 또 빌려달라고 부탁했더니 화가 난 엄마가 너무 지긋지긋하다고 말했다'는 식의 상세하고도 사실적인 기술이 문제를 해결하는 데 도움이 된다. 사실 관계를 분명히 하지 않은 채 '엄마가 너무 이기적으로 굴어서 내 삶이 더 끔찍해졌어'라는 식으로 불평하는 것은 끔찍하고 절망적인 기분만 더 크게 키울 뿐이다.

아래의 질문에 답하는 과정에서 감정과 원인 사이의 패턴을 찾을 수 있을 것이다. 앞으로 한 주 동안 강렬한 감정이 찾아올 때마다 기록해보자.

Q. 지금 경험하고 있는 감정:

_____

Q. 해당 감정을 불러일으킨 사건(구체적으로 적는다):

_____

Q. 문제를 해결하거나 최소화하기 위해 당신이 직접 취할 수 있는 행동이 있는가?

_____

Q. 문제를 쉽게 해결할 수는 없지만 시간이 지남에 따라 해결될 수 있는 문제인가? 그렇다면 자신의 마음을 안정시키거나 해당 감정을 최대한 잊기 위해 어떤 노력을 기울일 수 있는가?

_____

딱 일주일만 해봐도 감정과 그 원인을 파악하는 것이 훨씬 수월해지는 것을 체감할 것이다. 특정 감정을 불러오는 계기를 파악한다면 감정에 효과적으로 대처하는 방법을 찾을 수 있다.

감정은 현실이 아니다

행복하거나 기쁠 때는 모든 것이 잘 돌아가고 있는 것처럼 느끼기 쉽다. 그러나 마음이 괴로울 때는 과거 행복했던 기억은 모두 잊고 다시는 행복을 느끼지 못할 거라는 근거 없는 믿음에 빠지고 만다. 실상 삶은 전과 크게 달라진 것이 없는데도 말이다. 괴로울 때는 비관적으로 생각하고 모든 것을 절망적으로 느낀다(리네한, 1993). '세상은 끔찍한 곳이고 내 삶은 엉망이야' 같은 생각에 사로잡히는 것이다.

당신만 그런 것은 아니다. 이는 인간의 뇌가 작동하는 방식이다. 사람은 그 순간에 느끼는 감정에 따라 세상을 다르게 인식한다. 다만 예민한 사람들은 기분이 고조되는 하루를 보내다 바로 그 다음날 나락으로 치닫는 감정의 롤러코스터를 좀 더 자주 반복할 뿐이다.

앞으로 삶이 영원히 절망적일 거라는 잘못된 믿음에서 벗어나는 방법 중 하나는 바로 자신의 감정을 분석하는 것이다. 어떤 감정을 느꼈고 어떤 일이 벌어졌는지 매일 기록해본다. 그렇게 2,3개월 동안 기록한 후에 다시 앞서 적었던 글들을 살펴본다. 그날 그날의 감정에 따라 자신의 관점이 달라지고 있음을 한눈에 파악하게 될 것이다. 감정에 따라 세상을 바라보는 시각이 변하는 것이지, 실제로 삶의 어떤 요소가 달라진 것이 아님을 깨달아야 한다.

괴로운 감정에 빠져드는 것을 경계하기

슬픔과 같이 괴로운 감정을 느낄 때면, 부정적인 감정을 더욱 강렬하게 불러일으키는 일이나 생각을 재빨리 차단하는 것이 좋다. 물론 이는 생각보다 힘든 일이다. 우울할 때는 본능적으로 즐겁게 웃고 있는 사람들과 함께하고 싶은 마음이 생기지 않는다. 불행한 사람들과 함께하는 편이 마음이 편하다. 누군가에게 화가 났을 때에는 그 사람에게 자신이 화를 낼 만한 이유를 찾게 되고 그 결과 더 오래 미워하게 되고 만다. 마치 애인과 헤어졌을 때 이별에 대한 슬픈 노래를 찾아 듣는 식이다. 그러나 다행이도 처리하기 힘든 감정에 더욱 깊이 빠져들지 않을 방법이 있다.

리플레이를 멈춘다

분노, 두려움 등 불편한 감정을 경험할 때면 해당 감정을 불러온 상황을 머릿속으로 거듭 되돌려보게 된다. 자신이 이 감정을 느끼는 이유가 타당하다고 믿기 위해서, 자신의 감정을 정당화시키기 위해 본능적으로 근거를 찾는 것이다. 그간 사람들이 당신에게 잘못을 저질렀던 기억을 모두 끄집어내고, 당신에게 큰 상처를 준 사람을 다시금 떠올리거나 과거 자신이 저지른 과오까지 파헤친다. 이는 사실 굉장히 흔한 현상이다. 그러나 이미 지난 일을 상기하는 것은 기분만 상하게 할 뿐, 현재의 문제를 해결하는 데 전혀 도움이 되지 않는다. 잘 알고 있지 않은가.

감정의 불씨를 다시 키우지 않는 한 가지 방법은 의식을 지금 현재의 순간으로 자연스럽게 이끄는 것이다. 현재의 상황에만 집중하려고 노력한다. 자꾸 생각이 과거로 기울 때마다 몇 번이고 자신의 의식을 현재로 되돌린다. 간단한 마음챙김 수련을 시도해보는 것도 도움이 된다(4장 참고). 당신을 동요하게 만드는 과거의 기억을 인식하는 것부터 시작한다. 그런 뒤 이 기억이 실제로 도움이 되는지 따져본다. 자기 자신에게 '내게 힘이 되는 생각이야' 혹은 '이런 생각은 지금 도움이 안 돼'라고 말한다.

또 다른 방법은 수용하는 법을 연습하는 것이다(리네한, 1993.) 지금 현재 벌어진 일을 수용한다고 해서 당신이 그 일에 동의하거나 찬성한다는 의미가 아니다. 다만 어떤 일이 벌어졌다는 것 자체를 인식하는 것뿐이다. '이런 상황이 벌어지지 않았다면 좋았을 텐데', '이런 일은 벌어져선 안 되었는데' 등의 가정을 하거나 누군가를 비난하는 마음을 버리고 그저 어떤 일이 벌어졌고 이제는 과거가 되었다는 사실을 수용하는 것이다. 그리고 동시에 자신의 생각에 대한 수용도 이루어져야 한다. 불편한 생각이 드는 것을 부정하지 않고 인정해야 비로소 그 생각과의 싸움을 멈출 수 있다. 어떤 생각이 찾아올 때 '이건 그저 생각일 뿐이야'라고 분리시키고 '만약'이라는 상상의 나래를 펼치지 않는다. 이런 연습을 통해 머릿속의 생각은 말 그대로 생각일 뿐이지 현실이 아니라는 것을 깨달을 수 있다. 인간은 누구나 현실과 동떨어진 생각을 할 때가 있다. 또한 우리가 하는 대부분의 생각은 사실 우리의 통제 밖의 일이다.

과거의 불쾌했던 기억에 얽매일 것 같으면 일부러 다른 일에 의식을 집중시키는 것도 좋은 방법이다. 100부터 3씩 빼가면서 거꾸로 숫자를 계산하거나 구구단을 외우는 것도 도움이 된다.

감정적 추론에서 벗어난다

우리는 격렬한 감정이 생길 때 드는 생각을 진실이라고 믿는 경향이 짙다. 이를 '감정적 추론'이라고 한다. 두려움 등 불안한 감정에 사로잡혔을 때 끔찍한 일이 벌어질 거라고 믿게 되는 식이다. 예를 들어, 시험을 통과하지 못할까봐 불안해질 때 '나는 합격하지 못할 거야'라는 생각하거나 건강상 무언가 이상이 있는 것 같은 불안함에 사로잡힐 때 '나는 지금 심각한 병에 걸린 게 틀림없어'라고 믿는 식이다.

감정에서 파생되어 무언가 벌어질 거라는 혹은 벌어졌다는 추론을 '사실'로 받아들일 때 상황은 더욱 심각해진다. 불안함이 만들어낸 '나는 합격하지 못할 거야'라는 허상을 믿는 순간, 시험을 치르는 일 자체가 무의미하게 느껴져 차라리 시험에 참여하지 않거나 공부를 포기하게 된다. 실제로 아무런 문제없이 시험에 통과할 수 있는 기회를 스스로 놓아버리는 결과가 발생한다. '나는 심각한 병에 걸린 게 틀림없어'라고 믿는 경우, 상황의 심각성을 외면하고 싶은 마음에 병원에 가길 꺼린다. 그렇게 되면 질환을 더욱 악화시키고 치료가 어려운 상황으로 몰고 가는 것이다. 더불어 의사에게서 아무런 이상이 없다는 소견을 들음으로써 그간 계속되어온 걱정의 끈을 끊어버릴 기회조차 포기하는 셈이다.

감정은 정보를 제공하지만, 문제는 그 정보를 잘못 해석하는 경우가 많다는 것이다. 감정적 추론은 허위 경보와 비슷하다. 건강 검진 결과가 걱정스럽겠지만, 걱정이 곧 끔찍한 결과를 보증하는 것은 아니다. 면접에 대해 불안감이 커진다고 해서 합격하지 못한다는 뜻은 아니다.

감정적 추론은 직관과 다르다. 직관이 발휘될 때는 무언가를 그저 알게 된다(리네한, 1993). 왜, 어떻게 그런지는 분명히 밝힐 수 없지만 어떤 깨달음이 찾아오고 이때 감정은 결부되지 않는다. 그러나 감정적 추론에는 불편하고 괴로운 감정이 동반된다.

감정적 추론에 반응하려는 마음이 들 때는 지금 드는 생각이 사실이 아닌 감정에 기반한 것임을 인지하는 것이 중요하다. 감정적 추론을 야기하는 불편한 감정을 줄이기 위해선 호흡법과 이완 운동 등 이어서 소개할 다양한 방법을 활용하면 도움이 된다.

~~~~~

분노나 두려움처럼 불편함 감정이 들 때면 얼른 문제를 해결하고 싶은 조급함을 참을 수 없을 것이다. 그러나 마음의 평정이 찾아올 때까지 잠시 시간을 두고 휴식을 취한다면 이성적 판단을 할 수 있게 된다. 다만 어떤 식으로 휴식을 취하는지가 중요하다. 효율적으로 감정을 정리하는 데 도움이 되는 행동도 있지만, 외려 정서적 불안감을 높이는 경우도 있다. 휴식을 취할 때 하면 좋을 행동을 추천한다.

호흡법: 마음이 불안할 때는 신체는 긴장 상태에 접어든다. 이때 숨을 천천히 내쉬는 것만으로도 진정 효과를 볼 수 있다. 일곱까지 숫자를 세며 호흡을 천천히 내뱉는다. 코로 숨을 들이마시고 입술을 오므려 '후' 하고 숨을 뱉는 소리를 내며 입으로 날숨을 뱉는다. 호흡을 하는 동안 숫자를 세는 것도 좋다. 들숨 때는 날숨 때 세는 숫자의 반 정도 센다. 예를 들어 숨을 내쉴 때 일곱까지 센다면 들이마실 때는 3~4까지 세는 식이다. 이렇게 네 차례 반복한다. 감정이 동요할 때뿐 아니라 평소에도 하루에 한두 번씩 연습하는 것이 좋다.

시각화와 유도 심상 요법: 시각화는 마음을 편안하게 해주는 장소나 행위를 상상하는 기법이다. 그리고 유도 심상이라고도 불리는 유도 시각화 기법은 영상이나 목소리가 녹음된 가이드에 따라 시각화를 진행하는 것이다. 시각화를 통해 긴장을 낮출 수 있고, 불쾌한 기억이나 머릿속에서 자꾸만 반복되는 일을 멈추는 효과를 볼 수도 있다.

마음속 괴로움이 모두 사라지는 상상을 해볼 수도 있다. 예를 들어, 마음을 괴롭히는 생각을 철제 통 안에 하나씩 담아 가둔다고 상상해보자. 그런 뒤 깊은 구멍을 파고 그 통을 깊숙이 숨긴 뒤 콘크리트로 덮는다. 아니면 다음과 같이 편안한 장소에 있다고 상상하는 것도 도움이 된다.

편안한 자세를 취한다. 천천히 그리고 깊게 숨을 들이마시고 내쉰다. 느린 호흡법을 지속한다. 몸 안으로 공기가 들어오고 다시 나가는 것을 느낀다. 숨을 내쉬며 얼굴 근육이 이완되는 느낌에 집중한다. 점차 몸이 무거워진다고 생각한다. 가야 할 곳도, 해야 할 일도 없다. 다만 들숨과 날숨의 호흡에 정신을 모으고 온 몸의 근육을 이완하는 데 집중한다.

혹은 길게 뻗은 해안가의 모래사장을 걷고 있다고 상상해본다. 맨발에 닿는 부드럽고 따뜻한 하얀 모래의 감촉이 느껴진다. 바다의 짠 내음이 청명한 공기 속에 섞여 전해진다. 바다에 다가가자 맑고 투명한 바닷물이 한눈에 들어온다. 파도 속에서 형형색색의 조개껍질이 반짝인다. 잠시 걸음을 멈추고 은은한 파도 소리에 귀를 기울인다. 피부에 닿는 햇볕이 따뜻하고, 하늘은 구름 한 점 없이 맑다. 부드러운 바람이 불어오자 뺨과 팔등으로 바닷물이 몇 방울 튀었다. 한번씩 먼 곳에서 울리는 갈매기의 울음소리가 들려온다. 조금 떨어진 곳에는 이국적인 꽃과 함께 야자나무 한 무리가 자리하고 있다. 꽃향기를 맡으러 다가가자 야자나무 사이에 멋진 해먹이 연결되어 있는 것이 보인다. 해먹에 올라 편안하게 누워 철썩 철썩 파도 소리를 듣는다. 숨을 들이쉬고 내쉬고, 마음속 스트레스를 흘려보낸다.

자신만의 시각화 기법 만들기

자신만의 시각화 장소를 만든다면 효과는 배가 된다. 바다보다는 산 속 오두막을 더욱 편하게 느끼는 사람도 있을 것이다. 어쩌면 특정 냄새나 소리에서 마음의 위안을 얻을 수도 있다. 자신만의 시각화 훈련을 위해 아래 문항에 답해보길 바란다.

1. 무엇을 할 때 긴장이 풀리고 편안해지는가?

2. 무엇을 볼 때 가장 마음이 편안해지는가?

3. 어떤 냄새를 맡을 때 가장 마음이 편안해지는가?

4. 무엇을 만질 때 가장 마음이 편안해지는가?

5. 마음이 가장 편안해지는 장소가 어디인지 자세히 묘사해보자. 그곳에서 경험하는 것들을 촉각, 후각, 시각, 다양한 감각에 따라 자세하게 적어보자.

6. 시각화 속에 함께 등장시키고 싶은 사람을 자세히 적어본다.

7. 걷고 싶은가, 가만히 있고 싶은가?

이제 위의 답변을 한데 엮어 시각화 내러티브로 만든다. 가령 가장 좋아하는 냄새가 애플파이라면 그곳이 어디든 애플파이 냄새가 계속 나도록 상상하는 식이다. 시각화 내러티브 작성을 마친 후 친구에게 부탁하거나 혼자서 녹음한다. 핸드폰 등 당신과 늘 함께할 수 있는 기기에 저장한다.

점진적 근육이완법: 근육 긴장도와 불안감을 함께 낮추는 방법이다. 기본적으로 숨을 들이쉴 때 근육을 긴장시키고 날숨에 이완시킨다. 발가

락 혹은 종아리 근육처럼 아래쪽부터 시작해 얼굴로 올라오는 방향으로 진행한다. 이는 불안감을 낮추고 불면증을 해소하는 데도 효과가 있다.

전환: 감정을 동요하게 만드는 원인에서 잠시 멀어지는 것이 마음을 가라앉히는 데 가장 좋은 방법이 되기도 한다. 전환을 시도하기 전, 우선 현재의 감정을 오롯이 느껴야 한다. 감정을 느껴야 해당 감정이 담고 있는 정보를 파악할 수 있고, 그래야 전환을 회피의 용도로 활용하지 않을 수 있다. 그러나 몇 시간 동안이나 강렬한 감정을 인식하고 느끼는 것은 상당히 피로하므로, 감정을 경험하는 중간 중간 휴식을 취하는 방법을 찾아야 한다. 게임을 하거나, 영화를 보거나, 친구에게 전화해 다른 주제로 수다를 떨며 전환을 시도할 수 있다. 물론 전환으로 고통스러운 감정이 완벽히 사라지는 것은 아니지만 상황이 모두 끝날 때까지 혹은 감정의 강도가 약해질 때까지 견뎌낼 힘을 얻을 수 있다.

리셋: 감정에서 도무지 벗어나기가 어려운 때가 분명 있다. 이때는 정서적으로 스스로를 '리셋'하는 방법을 찾는 것이 큰 도움이 된다. 한숨 자고 나면 괜찮아진다는 옛말은 틀리지 않다(카트라이트CartWright, 2010). 어떤 방법도 별로 도움이 안 될 때는 상황이 허락한다면 한숨 자는 것도 좋다. 자는 활동을 무시하면 곤란하다. 자고 일어나면 감정

이 한결 편안해져 있을 것이다.

운동 또한 불안감을 낮추고 감정을 안정시켜주기 때문에 더욱 명료한 의식으로 생각하는 데 도움이 된다. 심박을 높이는 운동이라면 무엇이든 좋다. 체온에 변화를 주는 방법도 있다. 차가운 물로 샤워를 하거나 쌀쌀한 바깥 공기를 마시며 산책하는 식이다.

배꼽 빠질 정도로 크게 웃는 것도 정서적 고통을 경감시키는 데 효과가 좋다. 아주 재밌는 영상을 찾아보거나 무작정 호탕하게 웃어보는 것도 좋은 방법이다.

감정의 균형을 찾는 법

우리는 현재 경험하고 있는 감정과 다른 경험은 애써 외면하려는 경향이 있다. 예를 들어 누군가에게 화가 났을 때는 그 사람이 당신에게 친절을 베풀었거나 도움을 주었던 때를 떠올리기 힘든 것과 같다. 분노로 시야가 흐려지면 상대방의 마음에 안 드는 모습만 보이고, 그저 무조건 저 사람이 싫다는 감정에만 집중하게 된다.

가령 한 시간 후에 집에서 열릴 파티에 필요한 용품을 부탁했지만 배우자가 까먹었다고 가정해보자. 아마도 순간적으로 너무 화가 나서 배우자가 이런 비슷한 실수를 저질렀던 일만 생각나고 당신에게 큰 도움이 되었거나 친절했던 때는 기억에서 완전히 지워질 것이다. 이럴 때는 의식적으로 배우자의 도움을 받았던 때를 떠올리려고 노력해보자. 더욱 정확하고 균형 잡힌 시각으로 상황을 바라볼 수 있을 것이다.

주변 사람들에게 고마웠던 것이나 도움 받았던 것을 적어보는 것도 좋다. 그리고 그 목록을 항상 소지하고 다니도록 하자. 누군가에게 화가 나고 불편한 감정이 생길 때면 해당 목록을 읽으며 '큰 그림'을 상기할 수 있다.

다른 감정을 불러온다

감정 관리란 현재 경험하는 것과 다른 감정을 불러온다는 의미이기도 하다. 특히나 감정이 오래 지속될 때나 주변 환경과 감정의 강도가 어울리지 않을 때(스스로도 왜 이런 감정을 느끼는지 알 수 없을 때) 현재의 감정과 완전히 반대되는 감정을 의도적으로 불러오는 것이 효과가 좋다(리네한, 1993). 우울하거나 불안할 때는 재밌는 TV 프로그램을 찾아보고, 화가 났을 때는 공포 영화를 보는 식이다. 당신이 사랑하는 사람들(혹은 당신을 사랑하는 사람들)과 대화를 나누거나 그저 그런 사람들을 떠올리는 것만으로도 감정이 전환되기도 한다. 당신이 분노를 느끼는 상대방을 향해 연민의 감정을 떠올리는 것 역시 좋은 방법이다.

지금 현재 이 순간에 집중한다

우리는 미래에 대한 걱정 때문에 감정에 압도당하기도 한다. 이제 고작 신입생인데 대학 졸업 이후를 상상하며 두려운 생각에 사로잡히거나, 집을 막 알아보기 시작한 단계에서 벌써 몇 단계나 앞서 나가 도대체 새 집을 얻을 수나 있을지 걱정하기도 한다.

이런 걱정은 마치 대학 교재를 읽어야 하는 초등학생이 느낄 심정과 비슷하다. 최종 목표를 떠올리는 것은 그 자체로 압도당하기 십상이다. 이와 반대로 지금 당장 해야 할 일에 집중한다면 상황을 통제할 수 있다.

물론 '저 친구한테 이런 모욕적인 말을 듣고 남은 하루를 제대로 보낼 수나 있을까?'처럼 격렬한 감정과 생각이 찾아올 때도 있다. 그러나 답은 같다. 바로 다음 순간에 해야 할 행동에만 집중하는 것이다. 마트에 갈 예정이었다면 우선 차에 타 마트까지 운전을 하고 목록에 있는 물품을 구매하는 것에만 신경을 집중한다. 그 순간 해야 할 일에만 집중할 때 압도적인 감정에서 벗어날 수 있다.

부끄러워 하지 않고 마음껏 운다

예민한 사람들은 보통 눈물이 많다. 그래서 사람들 눈에 자신이 어떻게 비춰질까 걱정한다. 사람들이 당신에게 맨날 우냐고 한소리씩 하는 바람에 자기 자신을 부정적으로 생각하기도 한다. 눈물을 나약함의 상징으로 이해한다. 그러나 울음은 사실 감정을 처리하는 하나의 기술이다. 울어야 할 이유는 너무도 많다.

첫째로 눈물은 협력적 제스처이다. 대립이 아닌 평화와 우정을 상징하는 행동이다. 눈물은 당신이 싸울 마음이 없음을 알리는 행위이다(눈물을 뚝뚝 흘리면서는 싸움을 잘할 수도 없다).

둘째로 눈물은 자신의 연약한 속살을 드러내겠다는 의지로 타인과의 교감을 가능케 하는 매개가 되기도 한다. 눈물을 보인다는 것은 방어벽을 허물고 경계심을 낮췄다는 뜻이다. 타인과 친밀한 관계를 키워나갈 수 있는 중요한 계기가 되기도 한다. 눈물을 보임으로써 훗날 삶의 만족도를 높여줄 친밀한 인간관계를 형성할 가능성이 생길 수도 있다.

셋째로 대부분의 사람에게는 우는 사람을 보면 도움이나 위로를 건네고 싶다는 본능이 내재되어 있는 만큼 눈물은 타인에게 도움과 지지를 구하는 효과적인 수단이 되기도 한다. 본질적으로 눈물은 고통을 받고 있다는 신호이기 때문이다.

넷째로 울음은 감정을 표현하는 하나의 방법이다. 어떤 사람들은 웃다 지쳐 눈물을 쏟기도 한다. 두려움, 슬픔, 비통함뿐 아니라 기쁨의 눈물도 있다. 너무 화가 난 나머지 우는 사람들도 있다. 가끔씩 형용할 수 없는 격렬한 감정에 사로잡혀 눈물을 쏟기도 한다.

마지막으로 눈물은 실제로 마음을 진정시키는 효과가 있다. 눈물을 흘릴 때 뇌와 눈물에서 분비되는 화학물질 덕분에 울고 난 후 기분이 한결 좋아지기 때문이다(프레이Frey, 1985).

여러 모로 울음은 격렬한 감정에 대한 긍정적인 대처 기술이 될 수 있다.

감정 응급 처치 연습하기

앞으로 일주일간 2장에 소개된 방법을 직접 실천해보길 바란다. 감정적 동요가 생겼을 때뿐만 아니라 그렇지 않은 순간에도 연습을 계속하는 것이 좋다. 각각의 방법을 언제 어떻게 활용했고, 어떤 효과가 있었는지도 기록해본다. 이 책을 읽어가는 동안 몇 주간 지속적으로 연습한다면 감정에 더욱 능숙하게 대처하는 법을 익히게 될 것이다.

▶ 응급 처치 1. 감정의 원인을 파악한다

Q. 언제 어떻게 사용했는가?

_____

Q. 결과가 어땠는가?

_____

▶ 응급 처치 2. 괴로운 감정에 빠져들지 않는다

Q. 언제 어떻게 사용했는가?

_____

Q. 결과가 어땠는가?

_____

▶ 응급 처치 3. 잠시 멈추기

Q. 언제 어떻게 사용했는가?

_____

Q. 결과가 어땠는가?

_____

▶ 응급 처치 4. 감정의 균형을 찾는다

Q. 언제 어떻게 사용했는가?

Q. 결과가 어땠는가?

▶ 응급 처치 5. 다른 감정을 불러온다

Q. 언제 어떻게 사용했는가?

Q. 결과가 어땠는가?

▶ 응급 처치 6. 지금 현재 이 순간에 집중한다

Q. 언제 어떻게 사용했는가?

Q. 결과가 어땠는가?

▶ 응급 처치 7. 마음껏 운다

Q. 언제 어떻게 사용했는가?

Q. 결과가 어땠는가?

순간적인 감정에 이성이 마비된 나머지 당신이 바라는 삶과 동떨어진 행동을 하게 되는 경우가 있다. 자신의 감정 반응 패턴을 파악하고, 이 패턴이 당신의 삶에 어떤 영향을 미치는지 알아가는 과정이 필요하다. 불편하겠지만 감정을 관리하는 법을 깨우치기 위해 꼭 필요한 과정이다. 이 장에서는 감정에 대처하는 일반적인 기술을 배웠다. 다음 장에서는 보다 다양한 감정들을 하나하나 살펴보면서 그 감정을 효율적으로 다스리는 구체적인 방법을 소개할 것이다.

예민한 사람을 위한
좋은 생활 습관

충분한 수면과 운동의 중요성에 대해서는 이미 알고 있을 것이다. 어머니나 의사에게서 들었거나 잡지나 건강 관련 뉴스에서 관련 글을 읽어본 경험이 있을 것이다. 그런데 이런 기본적인 생활 수칙들을 날마다 지키고 실천하는 것이 감정을 관리하는 능력을 향상시킨다는 것은 알고 있었는가? 몸이 아프거나, 피곤할 때, 배가 고플 때는 감정 조절 능력도 떨어진다. 더구나 예민한 사람은 유사한 상황에서도 일반 사람들보다 더욱 강도 높은 감정을 느끼기 때문에 평소에 자기 자신을 철저히 관리하고 돌보는 것이 더욱 중요하다.

격렬한 감정은 규칙적인 수면과 운동처럼 건강한 생활 습관을 유지하는 데 걸림돌이 될 뿐 아니라 정돈된 생활도 불가능하게 한다. 신체적 건강을 돌보고 환경을 정돈하는 것의 중요성을 그저 머리로 알고 있는 것에 그치지 말고 실제로 실천하는 것이 중요하다. 그러면 상상 이상으로 삶의 질이 높아지는 것을 경험하게 될 것이다.

수면의 질 높이기

충분한 수면은 두뇌가 효율적으로 기능하는 데 필수적이다.

첫째, 잠을 자는 시간은 전전두엽 피질이 휴식을 취하고 회복하는 유일한 시간이다. 이마 바로 뒤편에 자리한 전전두엽 피질은 감정을 통제하고, 상황을 분석하고, 회사를 그만두거나 친구에게 왜 나를 피하느냐고 따지는 등의 특정 행동으로 야기될 결과를 예측하는 기능을 하는 것으로 알려져 있다. 다시 말해, 전전두엽 피질은 훌륭한 의사 결정을 내리는 데 필요한 가장 골치 아픈 일들을 처리하는 곳이다. 따라서 전전두엽 피질이 휴식할 시간을 줘야만 좋은 선택을 할 수 있다. 해변에서 휴식을 취하든, 독서를 하든, 음악을 들든 전전두엽 피질은 항상 바빠 제 할 일을 하고 있다(랜달Randall, 2012). 우리가 잘 때를 제외하고 항상 일을 하는 중요한 기관이다.

둘째, 잠을 자는 동안 두뇌는 다양한 아이디어를 연결하고 결합하는 일을 한다. 정답을 찾을 수 없는 문제로 어려움을 겪고 있다면 잠을 푹 잔 후에 갑자기 좋은 해결책이 떠오를 수도 있다. 잠에서 깨는 것과 동시에 작사 중이던 노래에 딱 떨어지는 가사가 번뜩 떠오르거나 카풀 스케줄을 말끔하게 정리할 아이디어가 생각나는 식이다.

마지막으로 수면은 인내심과 문제 해결 능력, 사회적 신호 이해력, 사고 유연성 향상에 도움을 준다. 예를 들어 전날 충분한 수면을 취했을 때 타인의 의견에 조금 더 너그러운 태도를 취하고, 일정 변동에도 유연하게 적응하는 모습을 보인다(랜달, 2012).

질 좋은 수면을 취하지 못했을 때

예민한 사람들은 감정 때문에 필요한 만큼의 휴식을 취할 수 없을 때가 있다. 잠이 왜 안 올까 지나치게 걱정하고, 이른 시간에 잠이 깬 후에는 다시 잠에 들기가 어려워 밤을 하얗게 지새우는 경우도 있다.

수면이 부족하면 감정 관리가 더욱 힘들어지고 현명한 의사 결정이 어려워진다. 피로할 때는 비교적 사소한 문제에도 더욱 강렬하고 빠르게 반응하게 된다. 잠이 부족하거나 수면의 질이 떨어진 경우 기억력, 주의력, 집중력이 저하되고 문제 해결 능력도 떨어진다. 새로운 정보를 이해하고 분석하는 능력이 낮아지고, 유연한 사고도 불가능해진다. 희망적인 생각이나 낙관적인 관점을 유지하는 것이 어려워져 우울감을 느끼기 쉽다. 수면 부족으로 스트레스 역치가 낮아져 일상적인 일도 힘들게 느껴지고 사소한 언짢음도 무척 크게 다가온다. 마트에서 고래고래 소리를 지르며 떼를 쓰는 아이에게 제대로 대처하는 것이 불가능해진다는 것이다.

어려움을 극복하고 다시 원래의 자리로 되돌아오는 회복탄력성을 좌우하는 인지 유연성은 수면의 영향을 받는다. '인지 유연성'이란 다른 관점에서 사고하고 새로운 정보와 상황에 맞게 자신의 생각을 바꾸는 능력을 말한다. 가령, 남편의 귀가가 늦어져 화가 났지만 친구 차에 타이어를 교체해주느라 시간이 걸렸다는 것을 알았다면 마음이 풀린다. 하지만 잠을 충분히 못 잤을 때는 남편이 늦는다는 사실에만 갇혀 분노에 사로잡히고 추가로 제공된 사유를 이해하고 받아들이는 데 시간이 걸린다(랜달, 2012). 새로운 정보에 따라 생각을 바꾸는 것이 어려울 때 감정에 지배되기가 쉽다.

또한 수면이 부족할 때 사람은 자기 평가 능력을 잃는다. '자기 평가'란 자신의 행동이 문제 해결에 도움이 되는지 아니면 상황을 더욱 악화시키는지 객관적으로 판단하는 것을 뜻한다(랜달, 2012). 가령, 친구에게 어떤 실수를 했을 때 사과를 지나치게 반복한 나머지 친구를 더욱 화나게 하는 경우다. 또한 잠을 충분히 자지 못하면 타인의 관점을 이해하기 어려워진다. 부모가 학교에 데려다주는 것이 자신의 인생을 망칠 거라고 말하는 아들의 생각을 조금도 이해할 수 없게 된다. 수면 부족으로 벌어지는 이런 문제들은 당신과 당신이 사랑하는 사람 간의 마찰만 불러일으킨다.

잘 자는 습관 만들기

수면 습관을 고치는 것이 쉽지는 않겠지만, 수면이 정서 및 신체 건강에 끼치는 막대한 긍정적인 효과를 생각한다면 마땅히 노력해볼 가치가 있다. 다른 문제와 마찬가지로 수면 역시 즉각적인 개선을 기대하기보다는 조금씩 고쳐나가다 보면 어느새 눈에 띄는 효과를 볼 수 있다. 충분한 수면을 취하고 또한 수면의 질을 높이면 감정을 다스리는 능력이 크게 향상된다는 것을 믿고 노력해보기 바란다.

편안한 수면 환경을 만든다

주변 환경이 수면에 미치는 영향은 꽤 크다. 다음에 소개된 조언에 따라 침실을 편안한 공간으로 꾸민다면 침대가 매일 밤 이리저리 뒤

척이며 잠을 설치던 곳이 아니라 얼른 몸을 누이고 싶은 곳으로 바뀔 것이다.

수면에 최적화된 환경은 물론 개인의 선호에 따라 달라진다. 당신이 선호하는 방식으로 침실을 꾸며야 더욱 편안하고 수면에 친화적인 환경이 형성된다. 그러나 지저분한 것보다는 깨끗하고 정돈된 방이 더욱 안정을 주는 것은 당연하다.

안전하다는 느낌을 주는 차분한 환경이 좋다. 그림, 가구, 책 등 방에 있는 물건은 정서적 자극이 낮고 또 긍정적인 영향을 주는 것이어야 한다. 마음을 불안하게 하거나 긴장감을 높이는 물건이나 사이가 무척 나빴던 가족 누군가가 썼던 침대처럼 나쁜 기억을 떠올리게 하는 물품은 침실에서 치워야 한다.

가능하다면 침실은 스트레스가 없는 '노 스트레스 존'으로 만들어야 한다. 회사 일처럼 긴장감을 야기하는 활동을 침실에서 하지 않도록 주의한다. 침실을 오로지 휴식을 취하거나 잠을 자는 용도로만 사용한다면 몸과 마음은 이내 침실을 긴장을 풀고 쉴 수 있는 공간으로 이해한다.

신체적으로 편안한 것 역시 수면의 질을 높이는 데 매우 중요하다. 예산이 허락하는 선에서 매트리스와 베개에 투자해보자. 매장에서 직접 누워보는 등 자신의 몸에 가장 알맞은 매트리스를 찾는다.

보통 조도가 낮은 방에서 수면의 질이 높아진다. 야간 불빛을 완전히 차단할 수 없다면 수면 안대를 권한다. 또한 자신에게 가장 이상적인 온도에서 숙면이 가능하다. 일반적으로 18도에서 22도 사이가 알맞다. 발이 시렵다면 수면양말을 신고 자는 것도 방법이다.

조용한 환경에서 잠을 잘 자는 사람이 있는 반면 작은 소리의 라디오나 TV처럼 배경소음이 있을 때 더욱 깊이 잠을 자는 사람도 있다. 아무 소음도 없는 상태, 낮은 소음, 조용한 음악 등 어떤 환경이 자신과 가장 잘 맞는지 테스트해본다. 오디오북이나 백색 소음, 비 소리, 파도소리 등 자연의 소리를 활용할 수도 있다. 어쩌면 귀마개를 하고 자는 것이 자신에게 가장 맞을 수도 있다.

수면에 도움이 되는 저녁 루틴

잠들기 한두 시간 전에 몸과 마음의 이완을 돕는 활동을 한다면 숙면에 도움이 된다. 밤늦게 운동을 하는 버릇이 있다면 시간을 조금 당기는 것이 좋다. 운동 후 몸은 피로하지만 신체적으로 자극이 높아진 상태라 운동 후 몇 시간가량은 오히려 잠 들기 어렵다. 공포 영화나 자극적인 프로그램을 보거나, 업무를 하거나, 고민을 떠올리는 것 역시 수면을 어렵게 하는 요인이다. 뉴스조차 휴식과 이완을 방해하는 감정을 불러일으킬 수 있다. TV와 컴퓨터 스크린에서 나오는 불빛은 전원을 끈 후에도 각성 상태를 지속시킨다. 따라서 전자기기를 사용하기보다는 책이나 가벼운 잡지를 읽거나, 조용한 음악을 듣거나, 퍼즐을 하거나, 가족과 대화를 나누는 것이 바람직하다. 잠자리에 들기 30분 전부터 조도를 낮추고 편안한 옷으로 갈아입는 것이 좋다. 샤워하거나 욕조에 몸을 담글 때 마음이 편안해진다면 그러한 활동을 저녁 루틴에 추가해도 좋다. 하지만 이런 경우가 아니라면 세수, 양치 등 수면 위생 활동은 잠들기 최소 30분 전에 마치는 것이 좋다.

저녁 루틴을 매일 유지하면 숙면에 도움이 된다. 몸이 루틴에 익숙해지다 보면 이후에는 루틴 행동을 할 때마다 졸음이 찾아올 것이다. 이와 마찬가지로 매일 같은 시간 잠자리에 들고 일어나는 것 또한 몸의 습관을 형성하는 데 좋다.

감정과 생각을 다스린다

잠에 들지 못하고 침대에 가만히 누워만 있는 것은 상당히 곤욕스러운 일이다. 다음날 아침 얼마나 피곤할지 걱정이 되기도 한다. 다음날 중요한 일정이 잡혀 있다면 최고의 기량을 선보이지 못할까봐 불안해진다. 이 지긋지긋한 불면에서 벗어나고 싶을 뿐이다. 잠을 못 잘 때면 이런 생각들이 자연스럽게 찾아온다는 것은 알지만 걱정과 불안한 생각 때문에 수면이 더욱 힘들어지는 악순환이 아닐 수 없다.

불쾌함과 긴장감을 낮추기 위해서는 우선 잠이 오지 않는다는 사실부터 인정해야 한다. '아, 너무 싫다'라고 생각하기보다 '잠을 푹 자면 좋겠지만, 정 잠이 오지 않는다면 휴식을 취할 수 있는 다른 방법도 있어'라고 달리 접근해보는 것이 좋다. 온몸의 근육을 이완시키는 것도 좋다. 점진적 근육 이완법(2장 참고)은 불안감을 낮추고 몸의 긴장을 푸는 효과가 있다.

잠을 자려고 누웠을 때 온갖 걱정이 밀려드는 경우도 있다. 감정적으로 마음이 동요하거나 생각이 많아질 때는 시각화를 시도해보는 것이 좋다(2장 참고). 그러고 난 뒤 100에서 3씩 빼며 숫자를 거꾸로 세거나 알파벳에 따라 각기 다른 동물을 떠올리는 등 정신을 집중할 수 있는 무언가를 한다. 이때는 잡념을 떠올리지 말고 온전히 의식을 집중시켜서 해야 한다(4장 참고).

침대에 누운 후 온갖 잡생각이나 고민이 떠오르는 경우가 많다면 침대 가까이에 종이와 펜을 두고 그때 그때 기록해보는 것도 도움이 된다. 머릿속에 떠오른 일을 다음날 언제 처리할지 적어두고 생각의 끈을 놓아버리는 것이다. 내일 아침 10시에 어떤 문제를 집중적으로 고민해보겠다고 계획하는 식이다. 이 같은 방법으로 꼬리에 꼬리를 무는 생각을 머릿속에서 지우고 금세 잠에 빠져들 수 있다.

또한 유도 심상 요법은 머릿속을 가득 메운 걱정과 고민에서 벗어나 즐겁고 편안한 경험에 의식을 집중시키는 데 효과적이다. 혼자 시각화를 하는 것보다 아름다운 해변에서 산책하는 이미지를 떠올리도록 유도하는 음성 파일이나 영상을 듣는 것이 한결 수월할 수도 있다. 친구나 사랑하는 사람의 목소리로 녹음된 유도 심상은 더욱 효과가 좋다.

카페인과 알코올 섭취를 줄인다

특정 시간대 이후에 카페인 음료나 알코올을 섭취할 경우 수면이 어렵거나 잠이 들어도 자주 깰 수 있다. 카페인과 알코올을 섭취해도 수면에 아무 지장이 없는 사람도 있지만, 일찍 잠에서 깨거나 한번 깨면 다시 잠들기 어려운 경우도 있다. 만약 잠 드는 데는 문제가 없지만 얕은 수면이 지속된다면 본인이 몰랐을 뿐 카페인이나 알코올이 몸과 수면에 영향을 미치고 있다는 방증이다. 잠들기 한참 전에 섭취했다 해도 영향을 미칠 수 있다. 수면의 질을 높이고 싶다면 일정 기간 카페인과 알코올의 섭취량을 줄여보고 자신의 상태를 체크해보는 것이 좋다.

필요할 경우 의학적인 조치를 취한다

주치의와 수면 문제에 대해 상의한다. 의사에게서 수면 전문가를 소개받아 잠을 자는 동안 얕거나 불규칙하게 호흡하는 수면 무호흡증 등 몇몇 수면 장애를 검사받게 될 수도 있다. 수면 무호흡증은 비단 수면의 질을 저하시킬 뿐 아니라 심각한 질환의 전조가 되기도 하고, 우울증과도 연관이 있다.

주치의에게 현재 복용 중인 약물 가운데 수면에 방해가 될 만한 약물이 있는지 확인한다. 몇몇 항우울제는 수면에 악영향을 미친다. 수면 문제를 밝힌다면 의사가 다른 약물로 대체하거나 저녁이 아니라 아침에 복용하는 것으로 바꾸기도 한다. 혹은 수면 유도제를 처방하는 등 의사가 다른 방법을 제안할 수도 있다.

처방전 없이 구매할 수 있는 수면 보조제도 도움이 된다. 수면 사이클에 중요한 역할을 하는 호르몬인 합성 멜라토닌을 함유한 약물은 적정량을 사용할 때는 안전한 것으로 알려져 있다. 단, 이러한 보조제는 체온이 떨어지고, 아침에 정신이 혼미해지며, 혈압에 영향을 끼치는 등 몇 가지 부작용이 있을 수 있다. 보조제 섭취를 멈추면 부작용은 사라진다.

수면 계획을 세우고 수면 다이어리를 작성한다

수면 다이어리는 수면 시간, 기상 시간과 더불어 잠들기 전 활동과 카페인 섭취량 등 수면에 관련한 정보를 기록하는 노트이다. 몇 주간 수면 다이어리를 작성한다면 수면의 질을 높일 방법을 구체적으로 찾을 수 있다.

수면 다이어리를 처음 작성할 때는 현재의 수면 루틴에 그 어떤 변화도 주지 않는 것이 중요하다. 일주일간 현재의 생활 습관을 기록하고 정보를 취합한다. 매일 몇 시에 잠이 들고, 몇 시에 깨는지 수면 시간을 기록한다. 그러고 난 뒤 침실이나 저녁 활동 및 루틴, 카페인 및 알코올 섭취량에 어떤 변화를 주고 싶은지 적는다. 현재 치료를 받고 있는 질환이나 의학적 도움이 필요한 문제가 있는지, 마음을 어지럽히는 감정과 생각을 어떻게 다스릴 것인지도 생각해봐야 한다. 가능한 한 구체적으로 기록하는 것이 좋다.

수면 계획을 세운 후에는 4주 간 실천해본다. 이 기간 동안 수면 다이어리 기록도 빼놓지 않는다. 목욕 여부나 TV 시청 및 컴퓨터 사용 제한 등 수면에 영향을 끼치는 중요한 요소가 있다면 자신만의 목록에 더해도 무방하다. 자신이 원하는 결과를 얻기 위해선 무엇보다 계획을 충실하게 따라야 한다.

각 항목의 마지막에는 수면 시간과 다음날 아침에 일어났을 때의 개운함 정도를 0에서 5까지 숫자로 표시한다(0=전혀 개운하지 않다, 5=정말 개운하다).

4주 후 결과를 분석한다. 조금이라도 수면 시간이 늘거나 질이 향상되었는가? 심신의 피로가 사라졌거나, 낮 동안 활력이 넘치거나, 새벽에 일찍 깨지 않거나, 금방 잠이 들거나, 이른 오후 시간 찾아오는 나른함이 사라지는 등 몇 가지 긍정적인 변화를 경험했을 것이다.

새로운 수면 루틴을 익히는 데 4주는 결코 충분한 시간이 아니다. 따라서 새로운 루틴으로 긍정적인 변화를 경험했더라도 아직 충분하지 않다면 수면 다이어리를 약 2주간 더 유지해보자. 그래도 충분한 수면을 하지 못할 때는 의료진과 상담하는 것이 좋다.

수면 다이어리

수면 계획	답변 예시	월	화	수	목	금	토	일
수면 루틴 정하기	완료							
입면 시간 및 기상 시간 설정	OK							
이른 시간에 운동하기	OK							
저녁 가볍게 먹기	치킨 샐러드							
카페인 양 줄이기	2잔							
알코올 양 줄이기	저녁 6시 와인 한 잔							
잠자기 전 심신에 안정을 주는 활동	독서							
감정 다스리기	유도 심상 요법							
조도 낮추기	OK							
알맞은 온도 설정하기	OK							
단순한 일에 정신 집중하기	필요치 않았음							
편안한 환경 시각화하기	OK							
반복적으로 떠오르는 생각 기록하기	OK							
소음 정도	백색 소음							
불면을 인정하고 받아들이기	OK							
일정한 수면 시간	8시간 유지							
개운함 (0–5)	4							

감정을 다스리는 데 도움을 주는 규칙적 운동하기

운동은 강렬한 감정을 통제하는 가장 좋은 방법 중 하나이다. 몸을 활동적으로 움직이는 것은 약물만큼 혹은 약물 이상으로 감정 관리에 효과가 좋다. 그 이유는 다음과 같다.

- 마음을 혼란하게 하는 생각에서 벗어날 수 있게 해준다.
- 근육의 긴장도를 낮춘다.
- 체내 세로토닌, 도파민, 노르에피네프린을 증가시키고 균형을 맞춘다(세 가지 모두 감정에 관련한 중요한 신경전달물질이다).
- 무기력함, 무력함에서 벗어날 수 있다.

운동은 감정 통제뿐 아니라 학습 능력 향상에도 효과가 있다. 집중력과 적응력을 높이고, 실수를 저지른 후 회복하는 능력도 크게 향상시킨다. 새로운 심리 대처 기술을 익히는 과정에서 가장 중요한 것은 새로운 정보를 이해하고 따르는 능력과 실패를 경험한 후에도 좌절하지 않고 회복하는 능력이다.

운동은 인지 유연성을 높이는 데도 효과가 있다(레이티Ratey, 2008). 앞서 소개했듯 인지 유연성은 새로운 정보를 상황에 적용하는 능력이다. 새로운 문제 해결 전략을 채택하고 창의적인 방향으로 정보를 활용하는 것과도 관계가 깊다.

또한 몸을 움직이는 과정에서 스트레스가 신체에 미치는 악영향을 최소화하고 치유할 힘을 얻는다. 스트레스를 받을 때 분비되는 코르티솔 호르몬은 우리의 몸을 극도의 긴장 상태로 몰아넣고 물리적 위협에 즉각적으로 반응하도록 준비시킨다. 스트레스 대부분이 심리적, 감정적인 위협과 미래에 대한 걱정에서 비롯되는 것임에도 우리 몸은 해당 위협이 물리적이고 굉장히 가까이에 있다고 받아들인다. 신체적 위협이라면 싸움이나 도망을 치는 적극적인 행동으로 코르티솔 수치를 낮출 수 있다. 한편 심리적, 정서적 그리고 가상의 위협이라면 물리적으로 어떤 조치를 취할 수 없어 코르티솔 수치가 높게 유지된다. 코르티솔이 지배하고 있는 몸은 이성적 사고가 아니라 신체적 행동을 취할 준비를 한 상태이기 때문에 이때는 명료하게 생각하기가 어렵고 아주 사소한 것도 위협으로 인지하고 만다. 뿐만 아니라 지속적인 스트레스에 노출될 경우 코르티솔 및 그밖에 스트레스 호르몬의 과도한 분비로 몸의 기능이 약해지고 심장 질환, 불안, 우울증, 체중 증가, 수면 장애, 기억력 저하 등의 증상이 나타난다.

운동은 격렬한 감정을 관리하는 데 상당히 효과적인 방법이다. 6주간의 유산소 운동 후 불안 정도가 크게 낮아지는 경험을 했다고 밝히는 사람들도 제법 많다. 집중력과 학습능력이 향상될 뿐 아니라 건강도 증진된다. 또한 자신이 좋아하는 운동을 선택한다면 즐거움도 얻을 수 있다. 그리고 운동을 '규칙적으로' 할 때 감정 관리 능력에 도움이 되는 다른 방법들도 효과가 더욱 높아진다.

무엇보다 중요한 것은, 자신의 기호와 생활양식에 맞는 운동 방법을 찾는 것이다. 그래야 오랫동안 지속할 수 있기 때문이다.

나에게 맞는 운동 찾기

다음 문항을 통해 자신에게 맞는 운동 방법을 찾기 바란다.

Q. 혼자 운동하는 것이 편한가, 친구들과 함께 운동하는 것이 좋은가?

Q. 경쟁을 즐기는 편인가?

Q. 댄스 수업처럼 정해진 운동을 좋아하는가, 다양성을 중요시하는가? 복싱이나 암벽등반처럼 배우고 싶었던 운동이 있는가?

Q. 아침 운동으로 하루를 열고 싶은가, 아니면 오후 시간에 운동하는 것이 좋은가?

Q. 특별한 장비 없이 따로 시간을 정해두지 않고 일상 속 루틴으로써 틈틈이 운동하는 것을 선호하는가?

혼자 하는 운동

혼자 운동하는 것을 선호한다면 자신만의 루틴을 만드는 것이 좋다. 30분 정도 할 수 있는 운동 두세 가지를 정하고 주 5일 실시한다. 제자리 뛰기, 줄넘기, 훌라후프, 스쿼트 등이 있다. 직접 운동 루틴을 만들고 싶지 않다면 피트니스 잡지와 책, 영상 등을 다양하게 참고한다. 요가 영상도 좋은 선택지이다. 동네, 공원, 학교 운동장 트랙을 따라 걷거나 자전거를 타는 것 역시 좋다.

경쟁심을 자극하는 운동

경쟁심이 유발될 때 동기 부여가 잘 되는 편이라면 라켓볼, 볼링, 테니스처럼 팀 경기나 대회가 있는 운동이 맞다. 혹은 친구와 함께 90일 동안 특정 운동을 완수하는 챌린지를 해보는 것도 좋다. 자기 자신과의 경쟁도 가능하다. 지난주보다 운동량을 늘리거나 더 많은 거리를 걸어보는 것은 어떨까?

일상생활에서 틈틈이 하는 운동

운동을 일상의 루틴에 더하는 방법은 많다. 우편물을 확인하러 갈 때 우편함까지 몇 번 왕복을 하는 것도 좋다. 주차를 조금 멀리한 후 목적지까지 빠르게 걷는다. 엘리베이터 대신 계단을 이용한다. 장바구니를 차에 싣기 전 몇 차례 들어 올렸다 내렸다 하는 근력 운동을 한다. TV를 볼 때 레그 레이즈 같은 복근 운동을 실시한다.

계획을 세우고 지킨다

이제 시작할 때이다. 자, 무엇부터 할지 계획을 세워보자. 자세하게 적을수록 계획을 실천할 확률도 높아진다. '운동 시작하기'보다는 '아침 9시 헬스클럽에 가서 15분간 트레드밀을 한다'라고 적는 편이 좋다.

계획표를 항상 소지하거나 핸드폰 어플을 활용해 실행 여부를 기록하고 분석해볼 수도 있다. 계획표를 냉장고에 붙여두고 마음을 다지며 진행 상황을 기록해보자. 새로 시작한 행동을 기록하고 그 효과를 추적한다면 끝까지 완수할 힘을 얻고 건강한 새 습관을 몸에 익히는 데 도움이 될 것이다.

	운동	운동 시간
월요일		
화요일		
수요일		
목요일		
금요일		
토요일		
일요일		

의욕을 잃지 않고 꾸준히 하는 것이 중요하다. 3개월 후 얼마나 건강해진 모습으로 변해 있을지 상상한다. 매주 계획을 완수할 때마다 자기 자신에게 보상하는 것도 동기부여에 좋다. 운동 후 가장 좋아하는 차 한 잔을 마시거나 가장 좋아하는 TV 프로그램을 시청하는 등

자기 자신에게 작은 선물을 준다.

뭔가 새로운 습관을 들이는 것은 생각보다 힘든 일이다. 의욕을 잃었을 때는 이 사실을 다시 상기하며 마음을 다잡아야 한다. 막상 운동을 시작하려고 보니 자신의 몸이 얼마나 망가져 있는지 새삼 실감하게 될 것이다. 사실 그간 운동을 하지 않았던 이유에는 진실을 마주하고 싶지 않다는 마음도 일부 있었을지 모른다. 어떤 일이든 초심자로 무언가를 처음 시작할 때는 자신이 부족해보이고 민망해지는 순간과 마주하게 된다. 게다가 운동을 처음 하는 입장이라면 몸을 움직이는 활동 자체가 물리적으로 힘들 수밖에 없다. 근육이 쑤시고 그저 소파에 누워 늘어지고 싶다는 생각만 간절해진다. 운동을 하지 말자고 들면 이유와 변명은 수도 없이 많다. 비록 한 블록 걷는 것뿐이라도, 세제 통을 양손 번갈아 열 번쯤 올렸다 내려놨다 하는 것뿐이라도 규칙적으로 운동을 함으로써 얻을 수 있는 긍정적인 효과를 잊지 않길 바란다. 충분히 해낼 수 있다!

계획은 예민한 사람의 불안감을 줄여준다

예민한 사람들 가운데 무언가를 하는 시간을 일정하게 정해두고 계획을 세우는 것이 실천에 큰 도움이 된다고 하는 사람들이 많다. '조금 이따 해야지' 식의 모호한 다짐보다 정확히 시간을 안배해야 실천에 대한 부담감이 더욱 크게 작용하기 때문이다. 또한 미루고 미루다 더 이상 지체할 수 없을 때가 돼서야 일을 바쁘게 해치우며 공황상태에 빠질 확률도 줄어든다. 지켜야 할 약속, 참석해야 할 수업, 해야 할 일, 만나야 할 사람이 있는 등 집중할 무언가가 있을 때 본인의 감정변화에 덜 예민하게 반응하기 마련이다. 그 결과 감정의 강도가 낮아지고, 감정을 수월하게 넘길 수 있게 된다.

시간대별로 계획을 세울 때 성과가 높은 사람도 있고, 지나치게 세세한 계획에 숨 막혀 하는 사람도 있다. 하루에 어떤 일을 얼마 만에 끝낼 수 있는지, 얼마나 많은 일을 할 수 있는지에 대해 지나치게 과소평가하거나 과대평가하는 등 자신의 스타일을 잘 파악하지 못하는 경우도 있다. 빽빽한 스케줄에 대한 부담과 구속은 외려 스트레스만 가중시키기도 한다. 주어진 시간에 비해 너무 많은 일을 하려고 들면 오히려 평소보다 할 일을 더 못하게 되는 상황도 생긴다. 반면 너무 적은 일을 할 때는 무기력과 슬픔, 자신이 무의미하다는 생각까지 찾아온다. 이런 연유로 자신에게 잘 맞는 계획표를 세우는 것이 무엇보다 중요하다. 이를 위해선 몇 번의 시행착오가 필요하다.

자신에게 어울리는 계획 세우기

집 안팎의 생활을 모두 아울러 상세하고 꼼꼼한 계획표를 작성한다. 이 계획표를 일주일간 실천한다. 그런 뒤 이번에는 하루에 해야 할 몇 가지 일만 대략적으로 적은 두 번째 버전의 계획표를 만들고 또다시 일주일을 실천해본다.
직장을 다니지 않는다면 다음과 같은 계획표를 만들 수도 있다.

· 9:00 기상, 아침식사, 스케줄 확인
· 10:00 운동

- 11:00 샤워 및 옷 입기
- 11:30 해야 할 일(식료품 구매, 집 청소, 공과금 수납 등)
- 1:30 점심식사
- 2:00 자원봉사, 구직활동, 공부, 독서
- 3:00 창의적 활동(글쓰기, 그림 그리기, 주얼리 만들기, 요리, 정원 가꾸기)
- 4:00 친구에게 연락하기, 이웃집 방문하기, 가족과 통화하기
- 6:00 저녁식사

두 번째 계획표에는 두세 가지 일에 대해서만 시간을 정해두거나, 아니면 아예 시간은 표기하지 않고 해야 할 일만 간략하게 적은 리스트를 만든다.
이렇게 두 가지 종류의 계획표를 일주일씩 실행해본 후 각각의 장단점을 따져본다.
어떤 종류의 계획표가 더 맞았는가?

계획표를 지키는 것이 힘들겠지만 어떤 일을 하는 데 어느 정도의 소요시간이 걸리는지 자신의 스타일을 정확히 깨달을 수 있는 좋은 계기가 될 것이다. 너무 바쁜 것 같다면 몇 가지 일을 없애도 된다. 물론, 계획표에 일정을 더 추가하고 싶다면 그렇게 해도 좋다.

정리정돈으로 편안한 나만의 공간 만들기

예민한 사람들은 주변 환경에 영향을 많이 받는다. 사람이 많은 곳을 불편해하거나, 좁고 폐쇄된 공간을 싫어할 수도 있다. 방이 지저분하고 정리정돈이 되어 있지 않으면 짜증이 나고, 자기 자신에 대해 부정적인 생각이 커지며, 격렬한 감정에 사로잡히기도 한다.

싱크대에는 더러운 그릇이 가득 쌓여 있고, 거실 곳곳에 컵이 제멋대로 널브러져 있으며, 서류와 책이 바닥에 아무렇게나 굴러다닌다고 생각해보자. 침실 가구마다 벗어놓은 옷이 대충 걸려 있다. 이런 장면을 상상할 때 어떤 생각이 드는가? 이런 환경에서 어떤 감정이 들 것 같은가?

지저분한 방에서 불쾌함을 느낀다면 아마도 더러운 환경은 곧 자기 가치의 저하와 연관이 있다고 여기기 때문일 것이다. 혹은 엉망인 집 상태가 자기 자신과 자신의 삶을 제대로 통제하지 못한다는 것을 드러낸다고 생각할 수도 있다. 집을 어지럽게 방치하는 것은 어쩌면 무관심이나 무력감 때문일 수도 있다. 어떤 이유든 거주하는 집이 엉망일 때 자기 자신을 바라보는 관점 역시 부정적인 방향으로 흘러갈 확률이 높다. 또한 엉망진창인 집에는 사람을 초대하지 않게 되기 때문에 점점 더 고립된 생활에 젖어들게 된다.

이런 생각이 들지도 모른다. '삼깐만, 내가 슬프고 우울하고 두렵고 아무런 의욕도 없기 때문에 집이 더러운 거야. 우리 집이 더러운 이유는 내가 무력하기 때문일 거야. 내가 정서적으로 너무 예민하기 때문에 감정을 소화하는 데 너무 많은 에너지를 소모해서 집을 청소할 여력이 없는 거야.'

이 생각이 맞을 수도 있다. 그러나 여기서 중요한 문제는 지저분하고 어지러운 집안 환경이 우울감, 자아 존중감 저하, 무력감, 무기력함을 더욱 심각하게 만든다는 것이다. 악순환에 빠져들게 된다. 건강하지 않은 환경에서 생활할 때 자기 자신에게 '건강하지 않은' 생활을 해도 괜찮다는 메시지를 보내게 된다(윌슨Wilson, 2011). 거실에서 마지막 남은 아이스크림과 팝콘을 먹으며 TV에 나오는 영화를 감상하고 있다고 상상해보자. 온 사방에 종이 쪼가리가 널브러져 있고,

빈 캔과 젤리며 초콜릿 봉투가 바닥에 어질러져 있다. 테이블 위에는 고지서가 쌓여 있다. 영화를 다 보고 나니 밤도 늦고 정크 푸드를 계속 먹은 탓에 몸도 마음도 의욕이 없다. 과연 아이스크림을 먹었던 숟가락을 식기세척기에 넣고, 아이스크림 통을 버리고, 먹다 남은 팝콘을 정리할 수 있을까? 고지서 납부를 바로 하겠는가?

집이 깨끗하고 정돈되어 있다면 영화가 끝난 후 자리를 정리하고 고지서도 바로 처리할 확률이 높다. 그날 밤이 아니더라도 다음날이라도 바로 말끔하게 정리할 것이다.

집을 더욱 행복하고 의미 있는 공간으로 만들 수 있도록 작은 변화를 하나씩 실천해보길 바란다. 방 한 곳을 정해 매일 10분씩 청소하는 방법도 있다. 매일 아침 눈을 뜨는 공간인 침실부터 시작해도 좋다. 아침 10분, 저녁 10분 이렇게 2회 청소하는 것도 좋다. 하루에 한 가지씩 할 일을 정해도 된다. 예를 들어, 월요일에는 빨래를 하고 화요일에는 설거지를 하는 식이다. 물건이 너무 많다면 하나씩 정리하며 치우는 것도 도움이 된다. 자신에게 중요한 물건만 남기고 나머지는 나눔을 하는 것이다.

정리 계획은 단순하게 실행 가능한 수준으로 세우는 것이 좋다. 날마다 자신이 해낸 일을 기록해보자. 그리고 한 단계씩 나아갈 때마다 자신에게 보상을 한다.

✳ 정리 ✳

내 경험상 건강을 돌보고, 할 일을 계획하고, 주변 환경을 정리하는 것이 감정을 관리하고 행복에 다가가는 데 가장 유효한 전략이었다. 물론 수면의 질을 높이고, 운동을 하고, 정리정돈을 한다는 것이 생각보다 쉽지만은 않을 것이다. 어쩌면 이런 일상적인 일들이 뭐 그리 중요한지 의심스러울지도 모른다. 만약 '더 효과가 좋은 심리 치료법이나 약물이 있을 거야'라는 생각이 든다면 치료나 약물을 시도하기에 앞서 우선 한 가지 실험을 해보길 바란다. 즉, 이번 장에서 나온 방법을 먼저 실천해보고 이 같은 변화가 당신의 삶에 어떤 영향을 끼치는지 살펴보기 바란다. 어떤 변화든 간에 느끼는 바가 있을 것이라 확신한다.

4장

예민한 기질을
다스리는 마음챙김

'마음챙김'은 오늘날 다양한 심리 치료 요법에 적용되고 있는 만큼 이미 많은 사람들에게 익숙할 것이다. 그러나 그 방법은 단순해보이는 데 반해 실천하기는 상당히 어렵다.

존 카밧진Jon Kabat-Zinn(1991)은 마음챙김을 '의도적으로, 무언가를 판단하겠다는 마음을 버리고 현재의 순간에 의식을 집중하는 일'이라고 정의했다. 마음을 지금 이 순간에 집중하라는 뜻이다. 예컨대 남편과 저녁식사를 할 때 의식을 집중하고자 하는 대상이 남편이라면(위의 정의에서 '의도적으로'라는 단어가 의미하는 바다) 오롯이 남편에게 몰입한다는 뜻이다. 어떠한 해석이나 가치 판단 없이 자신이 관찰하는 대상의 있는 그대로의 모습에 집중한다. 가령, 남편이 말을 할 때면 입가에 미소를 짓고 있다는 사실을 인식하는 것이다. 이것이 바로 관찰이다. '이 남자는 멍청이야'라는 식의 생각은 가치 판단에 속한다.

관찰하고 있는 대상에 정신을 집중하는 능력은 개인이 행복을 느끼는 데 굉장한 영향을 미친다. 자신의 생각을 현재의 순간에 집중시키기 위해 노력한다면 훨씬 차분해지고 스트레스도 덜 받을 수 있다.

그러나 본능적으로 인간은 마음챙김을 행하기가 어렵다. 우리의 생각은 산만하게 여기저기로 옮겨 다니기 마련이다. 과거를 떠올리며 우리가 도저히 바꿀 수 없는 나쁜 기억을 곱씹고, 미래를 그리며 아직 닥치지도 않은 불행한 일을 걱정한다. 예민한 사람의 경우 너무 많은 생각과 강렬한 감정으로 인해 '현재의 순간'에 머무는 것이 더더욱 어렵다. 예민한 사람은 타인의 시선을 지나치게 의식하고, 방어적이며 정서적 위협이 닥칠까 바짝 경계 태세를 갖추고 있기 때문이다. 현재의 순간에 의식을 집중하는 데는 훈련이 필요하지만, 마음챙김을 통해 얻는 것을 고려해보면 노력할 만한 가치가 충분하고도 남는다.

사람, 사물, 소리 등 외부적 요인도 좋고, 생각, 감각, 감정 등 내적 경험에 의식을 집중해도 좋다. 내적 경험에 집중할 때 감정에 사로잡히지 않고 한 걸음 떨어져 상황을 볼 수 있는 힘이 생긴다. 감정, 생각, 행동(반응) 사이에 잠시 거리를 두어 충분한 고심 끝에 의사결정을 내릴 수 있게 된다. 마음챙김이 가능할 때 미래에 대한 걱정이나 과거의 슬픔에 잠식되지 않게 된다. 자기 자신과 타인을 그대로 인정하고 받아들일 수 있다. 더 이상 감정에 지배받지 않을 수 있다.

이렇듯 내적 경험에 몰입할 때 이로운 점이 많음에도 자신의 감정을, 특히나 고통스러운 감정을 인식하기가 망설여질 것이다. 그러나, 그럼에도 자신의 감정을 인식하는 것이 무엇보다 중요하다.

감정기복을 벗어나게 해준다

슬픔과 상처처럼 힘든 감정을 경험하는 이유가 자신의 잘못이라고 오해하기 쉽다. 다른 사람들은 항상 행복해보이고, 문제가 생기면 빠르고 간단하게 해결하는 것처럼 보인다. TV 속 주인공은 드라마 한 회가 끝날 때쯤이면 어떤 문제든 완벽하게 해결한다. 유명한 책과 영화에서도 등장인물이 아무리 힘든 일을 겪어도 결국 해피엔딩을 맞이하는 공식은 절대 깨지지 않는다. 광고에서는 좋은 자동차를 소유하거나, 데오도란트를 사용하면 더욱 행복해질 거라고 말한다. 주변 사람들은 자신의 말만 따르면 분명 당신의 삶이 나아질 거라며 직장을 구해라, 줏대 있게 굴어라, 너무 예민하게 살지 말아라 등등 온갖 조언을 덧붙인다. 당신이 전전긍긍하는 문제를 다른 사람들은 쉽게 극복하는 것처럼 보이고, 당신 스스로 부족한 사람처럼 느껴질지도 모른다. 슬픔과 외로움을 느끼는 것을 스스로 한심하게 여기거나 자신이 실패자 혹은 더 나아가 '정상이 아니라고' 생각하면 저항만 커질 뿐이다.

누구나 슬프고, 외롭고, 화가 나고, 상처를 받는다. 현실의 문제란 해결하기 쉽지 않은 것이 대부분이고, 무언가가 나아지기까지 오랜 시간이 걸리기도 한다. 당신보다 낫다고 생각하는 타인과 비교를 하거나 물질적인 것에서 위안을 얻는다면 더욱 끔찍한 상황으로 치달을 뿐이다.

만약에 이렇다면… 내가 행복해질 텐데

행복이란 목표를 달성하고 무언가를 소유하는 데서 온다고 생각할 수도 있다. 돈이 더 많다면, 승진을 한다면, 아이가 생긴다면 행복해질 거라고 믿을 수도 있다. 어쩌면 '사랑하는 사람이 생긴다면 내 삶이 훨씬 기쁨으로 넘칠 텐데' 하는 생각을 할지도 모른다. 그러나 미래에서 행복을 찾는 한 현재에서 평안을 얻을 수는 없다. 또한 그렇게 바라던 것을 이루었다고 해도 무언가를 더 바라고 원하게 되는 게 인간이다.

행복해지기 위해선 다른 사람들처럼 생각하고 행동해야 한다고 생각할 수도 있다. 그래서 타인의 삶을 기준 삼아 인생을 산다. 다른 사람들이 하는 것을 자신도 한다면 행복해질 수 있다고 믿는다. 타인과 비슷해야 올바른 삶을 산다고 여긴다. 여기서 자신보다 나은 삶을 사는 '것 같은' 사람들과의 비교가 시작된다. 자신이 속한 업계에서 가장 높은 자리에 오른 사람이나 가장 성공한 사람과 커리어를 비교하기도 한다. 매일같이 운동을 게을리하지 않는 동료와 자신의 몸매를 비교한다. 타인의 가장 빛나는 모습을 기준 삼아 자신을 비교한다면 불만만 커질 뿐이다.

마음챙김을 실현한다면 현재의 순간에 집중할 수 있고, 나 자신과 내 경험과 내 감정에 충실해진다. 타인에게 판단의 잣대를 드리우지 않는다. 마음챙김을 통해 우리는 자신보다 행복해보이는 사람과 비교를 하면서 찾아오는 고통에서 헤어나올 수 있고, 자신의 감정을 비판적으로 보는 시각에서도 벗어날 수 있다.

균형을 찾는다

가끔씩 부정적인 생각에 매몰될 때가 있다. 예를 들어, 다른 사람들은 모두 즐겁고 행복한데 내 삶만 끔찍하다는 생각에 빠지기도 한다. 그럴 땐 슬프고 억울한 기분이 든다. 어떤 학교에 입학해야만, 몇 살 전까지는 결혼해야만 행복할 거라는 식으로 확고부동한 행복의 기준에 집착한다. 그래서 그 목표를 달성하지 못하면 절망감이 찾아온다.

행복하거나 행복하지 않다는 이분법적 사고는 삶이라는 복잡하고도 다양한 색채의 그림을 단 한 가지 색으로만 칠하는 것과 같다. 이런 태도로 인해 부정적인 시각에 사로잡힌다. 어떠한 문제가 생겼을 때 크게 동요하고 쉽사리 넘기지 못한다. 예를 들어 휴가를 떠나기 위해 도착한 공항에서 누군가 당신에게 무례한 말을 했다면 한동안은 온전히 휴가를 즐길 수가 없다.

자신이 처한 상황을 정확하게 인식하고 있다면 감정의 균형을 유지할 수 있기 때문에 불필요하게 마음이 괴로워지는 일이 줄어든다. 만약 지금 부정적인 일만 인식하고 떠올리고 있다면 의도적으로 긍정적인 면을 보기 위해 노력해야 한다. 어떠한 상황에 맞닥뜨렸을 때 긍정적인 면과 부정적인 면을 모두 생각해보고 감정이 아닌 사실관계를 바탕으로 이해한다. 그런 뒤 긍정적인 경험을 더욱 세밀하게 분석한다. 긍정적인 면을 구체적으로 떠올리고 계속 집중한다. 이 과정을 통해 부정적인 면만 지나치게 생각하는 것에서 벗어나 전체적인 상황을 바라볼 수 있게 된다.

한편, 이미 벌어진 일뿐 아니라 앞으로 벌어질 일에 대해서도 이분법적 사고로 판단할 때가 많다. 오랜만에 친구가 점심을 함께하자는 연락을 해왔다고 가정해보자. 당신은 친구와 만날 날만 손꼽아 기다렸다. 드디어 친구를 만나는 날이 되자 설레었다. 그러다 이내 예전에 점심식사를 함께했을 때 친구가 직장생활과 새로 산 집에 대해 자랑을 했던 것이 떠올랐다. 그 이야기를 들으며 당신은 친구와 자신을 비교했고, 친구만큼 잘살지 못하는 자기 자신을 비난했다. 친구와 만날 때마다 이런 비슷한 기분을 느꼈다는 것이 떠올랐다. 그러자 이제 친구를 본다는 설렘은 온데간데없어지고 약속을 잡지 말 걸 그랬다는 후회가 밀려온다. 긍정적인 면만 떠올리며 들떠 있다가 이제는 부정적인 경험에만 집중하게 된 것이다.

대인관계에서도 마음챙김을 행한다면 감정의 균형을 찾을 수 있다. 앞의 사례의 경우 친구를 만나는 기쁨과 친구와 자신의 모습을 비교하는 본인의 성향을 모두 인식함으로써 마음의 평정을 유지할 수 있다. 친구를 만나기에 앞서 만남으로 얻어질 긍정적인 면과 부정적인 면 모두를 있는 그대로 인식하고 받아들인다면 비관적인 태도를 버리고 앞으로 닥치게 될 일을 준비할 수 있다.

한편, 마음이 괴로울 때 긍정적인 면을 떠올리려고 노력하는 것뿐 아니라, 반대로 긍정적인 감정을 느낄 때도 안 좋을 수 있는 측면을 함께 떠올려본다면 감정 기복을 줄이는 데 도움이 된다.

한 가지의 감정에만 귀를 기울이지 않는다

～～～

내적으로 경험하고 있는 모든 감정을 잘 살핀다는 것은 강렬한 감정뿐만 아니라 강도가 덜한 감정에도 주의를 기울인다는 의미이다. 유난히 강도가 센 감정 한 가지만 주로 인식하기 십상이지만, 사실 우리는 한 번에 다양한 감정을 느낀다. 예컨대, 다른 도시에서 새로운 일자리를 구해 기쁘지만 친구를 떠나 집을 멀리 옮겨야 한다는 사실에 슬프기도 하다. 삶의 터전을 옮긴다는 것이 두렵기도 한 와중에 일이 항상 잘 풀려 좋겠다고 쏘아붙이는 누군가의 말에 상처를 받기도 한다. 이 다양한 감정 중 한 가지에만 집중한다면 각각의 감정이 내포한 정보도 잃고, 정서적 균형도 잃고 만다. 어떤 한 가지 감정만 지나치게 인지하고 있다면 자신의 내면에 또 다른 감정이 자리하고 있는 것은 아닌지 들여다볼 필요가 있다.

기다림의 힘

～～～

'행동하기 전에 먼저 생각하라'는 말은 어떤 일을 하고 어떤 말을 하기에 앞서 자신의 생각과 감정을 우선 인식해야 한다는 뜻이다. 불가능한 일처럼 느껴질 수 있다. 오랫동안 감정에 따라 행동해왔기 때문이다. 그러나 마음챙김을 통해 내적 경험을 인식하는 법을 연습한다면 감정에 휩싸이지 않고 관찰하는 방법을 깨우칠 수 있다. 감정에 반응하지 않되 '이것은 분노이다', '이것은 상처다'라고 말할 수 있게 된다.

감정적일 때 한 행동을 후회한 적이 있을 것이다. 또 그런 행동을 조금이나마 줄일 수 있다면 얼마나 좋았을까 하고 바란 적이 있을 것이다. 마음챙김을 수행한다면 감정의 폭풍이 휘몰아칠 때 바람에 중심을 잃거나 폭우 속에서 무턱대고 나아가는 것이 아니라, 폭풍을 관찰하고 기다릴 줄 알게 된다. 따라서 무작정 행동하기 전에 명료한 의식으로 자신을 돌아보고 현명하게 생각할 수 있다.

정서적인 경험을 의식하고, 현실을 있는 그대로 관찰하고 수용하는 법을 연습한다면 감정 기복이 줄고 감정에 효과적으로 대처할 수 있게 된다. 마음챙김으로 얻을 수 있는 긍정적 효과는 무궁무진하다. 그러나 마음챙김을 시작하고 꾸준히 해나가는 것은 상당한 노력을 요하는 일이다.

따라하기 쉽고 간단한 마음챙김 수행법

마음챙김을 위해 반드시 명상을 해야 하는 것은 아니다. 마음챙김을 시작하는 가장 좋은 방법은 특정 사물이나 행동에 의식을 집중시키는 것이다.

사물을 향한 마음챙김

사물을 대상으로 한 마음챙김이란 자기 자신이 아닌 외부의 물건에 집중해보는 것이다. 집중할 만한 대상은 어디에나 있으므로 언제든지 수행할 수 있다. 머릿속 생각과 감정에 압도당할 때마다 앞으로 소개될 마음챙김 수행법을 따라 하면 좋을 것이다.

일상생활 속 물건을 활용한 마음챙김

방 안에 있는 물건을 하나 고른다. 무엇이든 상관없다. 3분간 그 물건에만 집중한다. 온 마음을 다해 관찰하는 것이다. 연필을 바라보고 있다면 질감과 굴곡, 모양, 심이 날카롭게 갈려 있는지 닳아 뭉뚝해졌는지, 어떤 색인지, 손에 쥐었을 때 느낌과 두께는 어떤지 세심하게 살피고 느끼는 것이다.

한 가지 대상에 정신을 집중시키려 노력하지만 온갖 잡생각이 머리를 어지럽힐 것이다. 자녀들 생각, 세금 신고, 회사 프로젝트, 아픈 친구, 내일 저녁식사에 초대한 손님 등등 여러 생각이 스칠 것이다. 집중력이 떨어지면 마음챙김을 포기하고 싶어질 수 있다. 자신이 제대로 하고 있는지 확신도 점점 사라진다. 그러나 집중력이 흩어지는 것도, 그리고 그때마다 다시 제자리로 돌아오는 것도 마음챙김의 당연한 일부이다. 자꾸 정신이 산만해진다고 해서 마음챙김 수련을 제대로 못 하고 있다는 뜻은 아니다. 마음이 다른 곳으로 떠날 때면 그 사실을 인식한 후 다시 집중력을 발휘해 해당 물건으로 마음을 가져오면 그뿐이다.

처음에는 시간을 정해두고 마음챙김을 시도해보거나, 어떤 특정한 활동을 할 때 마음챙김을 수행하겠다는 식으로 계획을 세우는 것이 수월하다. 평범한 일상 업무를 할 때 마음챙김을 수행하는 것이다. 아침에 눈 뜨자마자 집 안을 가득 메운 이른 아침 소리에 귀를 기울이며 마음챙김을 한다. 혹은 양치질을 할 때도 좋다. 입안의 치약 맛과 칫솔이 닿을 때마다 잇몸에 전해지는 느낌 등 이를 닦는 행위에만 집중하는 것이다. 있는 그대로 직시한다는 것은 머릿속 판단을 지우고 칫솔질을 하는 모습 그 자체를 관찰하는 것이다. 거울에 비친 얼굴을 보며 자신도 모르는 사이 외모에 대한 생각이나 판단을 할 수도 있고, 양치질에 온 의식을 집중한다는 행위가 바보처럼 느껴질 수도 있다. 그럴 때면 다시 조심스레 마음을 다시 제자리로 가져와 지금 하는 일에만 집중한다.

가끔씩 마음챙김을 하다 보면 어떤 감정이 찾아올 때가 있다. 그 감정을 모른 척해선 안 되지만 그렇다고 그 감정에 집중력을 빼앗겨서도 안 된다. 그저 감정을 하나의 경험으로 인식한다. 감정에 이름을 붙이고 '지금 슬픔을 느낀다'처럼 되본다. 이렇게 감정을 인식하는 것만으로도 감정의 손아귀에서 벗어날 수 있다. 혹은 슬픔이란 감정에 집중하는 것도 좋다. 지금껏 제대로 슬픔을 의식한 적이 없다면 말이다. 몸 어느 곳에서 슬픔을 느끼는지, 어떤 생각이 드는지 인식한다. 슬픔을 불러일으킨 계기가 무엇이었는지에 대해서도 떠올린다. 반면 슬픔을 정확히 인지하고 있고, 그 이유도 알고 있으며, 마음껏 표현한 적도 있다면, 이번에는 그저 슬픔을 인식한 뒤 의식을 현재 하고 있는 일에 다시 집중시키려고 노력하는 것이 좋다.

어떤 행위에 의식을 집중하려 하지만 자꾸만 감정에 방해를 받을 때는 심호흡을 해보자. 그리고 앞서 나왔던 것처럼 자신이 느끼는 감정에 이름을 붙인다. 현재의 순간과 아무런 관계가 없는 감정이라면 그 점을 스스로에게 인지시켜야 한다. 예를 들어 과거의 어떤 일로 속이 상한 거라면 이렇게 말하는 것이다. '그때 느낀 것은 슬픔이었어. 하지만 그건 과거의 일이야. 미래에 대한 걱정이 찾아올 때면 두렵기도 하지만 그건 지금 현재 벌어지고 있는 일이 아니야'라고 말한다. 감정을 정확히 인식하고 의식을 다시 현재로 되돌리는 것이다. 마음챙김을 하는 중 몇 번이나 겪게 될 자연스러운 일이다.

어떤 하루를 보내든, 어떤 감정을 경험하는 중이든 마음챙김을 매일 규칙적으로 수행하는 것이 좋다. 마음챙김을 할 수 없을 정도로 하루가 너무 바쁘게 흘러가고 있다면 그날이야말로 마음챙김을 수행하기 가장 완벽한 날이다. 정신없이 바빠도 할 수 있다. 빠르게 몸을 움직이되 그 행동을 의식하고 온전히 행위에 집중한다면 무엇을 하든 더욱 효과적으로 해낼 수 있다.

마음챙김 수행을 기록해보자. 그러면 마음챙김을 일상 속 루틴으로 자리 잡게 하는 것이 한결 쉬워질 것이다. 운전처럼 매일 반복하는 일을 할 때 집중과 유념을 행한다면 마음챙김을 습관처럼 삶의 일부로 만들 수 있다.

마음챙김 수행 기록

일주일간 마음챙김을 수행하며 기록한다. 아래 공란이나 일기장에 그날 그날 자신
의 의식을 집중시켜 한 행동을 적는다.

1일

_____

2일

_____

3일

_____

4일

_____

5일

_____

6일

_____

7일

_____

마음챙김을 수행하며 무엇을 느꼈는가?

_____

_____

_____

마음챙김을 일상생활 속 하나의 루틴으로 만들 방법을 떠올려보자. 특정 시간대를 정하거나, OO을 할 때 마음챙김을 하겠다고 결심하는 것도 좋다. 자신의 생각을 아래 적어보자.

_____

_____

_____

감정과 생각에 대한 마음챙김

강렬한 감정은 당신의 관심을 끊임없이 바라기 때문에 잠시 모른 척 밀어내는 전략은 장기적으로는 그리 효과적이지 않다. 어떤 감정을 인지하면 그 감정을 불러일으킨 사건도 떠올려야 하는 것이 싫어 감정을 거부한다 해도 결국에는 다시 그 감정이 찾아올 뿐 아니라 다른 문제를 동반하기까지 한다. 예를 들어, 회사에서 어떤 일이 벌어졌는데 상사가 불같이 화를 내거나 해고당할까봐 두려운 나머지 자신이 느낀 분노를 외면했다고 가정해보자. 퇴근 후 집에 돌아와서는 아들에게 옷을 아무 곳에나 벗어두었다고 소리를 지른다. 지저분한 아들의 방이 마음에 들지 않았던 것도 있겠지만 사실 분노의 주된 원인은 회사 문제였다.

일단 감정을 인식한 후에는 마음에 담아두지 않고 흘려보낼 수가 있다. 감정 인식은, 처음에는 해당 감정을 더욱 강렬하게 느낄 수도 있기 때문에 불편해질 수 있으니 그리 어렵지 않게 대처할 수 있는 종류의 감정부터 연습해보는 것이 좋다. 우선 내면에서 일어나는 감정을 관찰한다. 이때 감정에 집중하고 의식할수록 그 감정이 더욱 오래 머물까봐 두려운 마음이 들 수도 있다. 그러나 감정이 생성될 때 외면해버린다면 어느 때고 그 감정은 다시 찾아오거나 그 강도가 더 커질 것이다. 그러니 감정이 생기는 순간 바로 느끼고, 인지하고, 흘려보내는 연습을 해야 한다. 그저 감정일 뿐이란 사실을 스스로에게 각인시킨다. 억지로 밀어내거나 일부러 움켜쥐지 않는다면 감정이란 얼마 있다 사라지기 마련이다. 자신이 현재 느끼고 있는 감정을 오롯이 인식한다면 당신의 관심을 갈구하던 그 감정은 충분한 관심을 받았다는 것을 깨닫고 이내 소리를 낮출 것이다.

이 일련의 과정을 혼자 힘으로 하기는 어렵다고 느낄 수 있다. 감정을 향한 마음챙김을 배우기 위해 심리 치료사의 도움이 필요할 수도 있다. 그러나 치료사라고 해도 모두 마음챙김 수련에 통달한 것은 아니므로 제대로 된 전문가를 찾는 것이 중요하다.

걱정과 불안

예민한 사람은 보통 걱정이 많다. 걱정을 해야 나쁜 일이 벌어지는 것을 막을 수 있거나 기습당하는 일이 없을 거라고 생각한다. 걱정을 하는 습관이 불행한 일에 대비하는 방법이라고 생각하는 사람도 있다.

걱정하던 일이 실제로 벌어지는 때도 있지만, 사실 앞으로 어떤 일이 닥쳐올지는 아무도 알 수 없다. 따라서 미래에 대한 지나친 걱정과 불안은 비효율적이다. 다시 말해, 감정적 희생을 치러야 할 만한 가치가 없다는 뜻이다. 더욱이 걱정을 할 때 우리의 마음은 현재에 머물지 못한다. 아직 벌어지지 않은 일을 걱정하는 데 마음이 사로잡혀 현재 벌어지고 있는 일에 집중할 수가 없다. 이 얼마나 안타까운 일인가. 따라서 걱정을 하기보다는 자신의 감정을 인식하고, 무언가를 걱정하고 있다는 사실을 받아들인 후, 의식을 다시 현재로 되돌려야 한다. 연습을 계속하다 보면 현재에 집중하고 현재로 의식을 되돌리는 과정이 점차 쉬워지고, 실제로 걱정도 줄어들게 될 것이다.

　예민한 사람들의 경우 자신이 예측하지 못한 변수로 상처받는 것이 싫어 삶을 통제하고 계획하고자 한다. 삶을 예측 가능하도록 만들기 위해 분 단위로 하루를 계획하고 일정을 세우기도 한다. 누군가와의 대화에 앞서 미리 자신이 할 말을 연습할 때도 있다. 통제권을 얻기 위해 상대방에게서 교묘하게 어떤 약속을 받아내기도 한다. 당신이 상대방의 기분을 언짢게 한 게 아니라는 확신이 필요해서, 혹은 상대방이 당신과 인연을 끊지 않을 거라는 모종의 다짐을 받기 위해 상대방에게 몇 번이나 유도 질문을 한다.

　변화, 불확실한 미래, 그로 인해 겪게 될 불편한 감정 등 자신이 두려워하는 것을 마주하는 데는 용기가 필요하다. 그러나 자신이 두려움을 느낀다는 사실과 미래를 통제하고 싶다는 욕구를 있는 그대로 인식하고 받아들인다면 장기적으로 나쁜 결과를 가져올 비효율적인 행동을 멈출 수 있다.

통제할 수 없는 것을 통제하려 든다는 사실을 깨닫는다

오늘 하루, 무엇이 어떻게 되면 좋겠다는 바람을 갖진 않았는가? 그로 인해 불안감을 경험하진 않았는지 생각해보자. 아래의 문항에 대해 적어본다.

• 상황

_____

• 내가 느낀 불안 정도

_____

• 위의 상황에 대한 나의 생각

_____

• 내가 통제하고 싶었던 것

_____

3일 동안 기록해보기 바란다. 3일치의 기록을 완성한 후 다시 살펴본다. 자신의 생각에 어떤 패턴이 보이진 않는지 곰곰이 살핀다. 누군가 당신을 좋아하거나 싫어하진 않는지, 혹은 당신에게 화를 낼까봐 불안감을 느끼진 않는가? 다른 사람이 당신을 어떻게 생각하는지를 통제하고 싶은가? 어쩌면 당신이 사랑하는 사람의 선택이나 감정을 통제하고 싶은 마음이 들 수도 있다. 그런 상황이 닥치면 앞으로는 마음챙김의 태도로 접근해보자. 마음챙김은 불편한 감정을 포함해 무엇이든 당신이 경험하는 것을 있는 그대로 수용하도록 도와준다. 자신의 감정을 받아들인다는 것은 곧 그 감정의 강도를 낮추기 위해 비효율적인 수고를 하지 않아도 된다는 의미이다.

마음챙김은 회피와 통제하려는 마음에 좋은 해결책이 된다. 마음
챙김을 수련할 때마다 현실을(변화와 불확실성을) 수용할 능력이 커지
고, 그 결과 정서적 고통이 줄어든다.

관찰하고, 수용하고, 분석하고, 기다리는 WAIT 전략

마음이 크게 동요하고 감정에 따라 반응하고 싶은 충동이 들 때마다 다음의 'WAIT' 전략을 따르면 현명하게 행동할 수 있다.

1. 관찰한다 Watch: 감정을 지켜본다. 한 발짝 떨어져 본인의 정서적 경험을 관찰한다. 이 감정이 몸에서 어떻게 느껴지고, 어떤 일로 이 감정이 발생했는지 관찰해보는 것이다. 해당 감정과 상황에 대한 자신의 마음과 충동을 아무런 사심 없이 바라본다. 감정이 이리저리 요동치다 최고점에 이른 후 점차 약해지는 것을 느낄 것이다.

2. 수용한다 Accept: 자신이 원치 않는 감정을 느끼고 있다는 사실을 받아들인다. 수용이란 어떠한 감정이 생성되었음을 인식하되 그에 따라 행동하지 않는 것을 의미한다. 감정에 지배될 때도 있겠지만, 우리는 우리의 선택으로 그러지 않을 수 있다. 감정은 감정일 뿐, 어떤 조치를 취해야 할 대상이 아니다.

예민한 사람은 지금 느끼는 감정에서 벗어나기 위해 무언가를 해야 한다는 충동을 자주 느낀다. 그렇게 특정한 패턴이 형성된다. 예를 들어, 상대방에게서 버려질지도 모른다는 슬픔이나 두려움을 떨치기 위해 타인의 관심과 애정을 자꾸 확인하려 드는 식이다. 감정을 수용한다는 것은 감정을 인지하되 그에 따라 반응하지도 그리고 저항하지도 않는다는 의미이다. 감정에 저항하거나 그것으로부터 벗어나려는 노력은 달리 말해 감정에 지배되고 있다는 뜻이기도 하다. 여전히 감정이 당신의 행동에 영향을 미치고 있기 때문이다. 따라서 지금 어떤 감정을 느껴도 괜찮다고 우선 인정하고 받아들여야 한다.

3. 분석한다 Investigate: 지금 감정이 당신에게 어떠한 정보를 전달하고 있는가? 회사 일로 화가 났다면 아마도 이 분노는 당신에게 새로운 직장을 알아보라는 신호를 보내는 것인지도 모른다. 감정의 이면에 담긴 정보를 분석한다면 상황을 개선시킬 효과적인 행동을 취할 수 있게 된다.

4. **기다린다**Take time: 시간이 지나면 감정이 저절로 사라진다는 것을 깨달아야 한다. 감정이 소멸되도록 두어라. 가능하다면 마음이 진정될 때까지 아무런 행동도 하지 않는 것이 좋다. 그래야 명료하게 사고하고 판단할 수 있다.

WAIT 전략 실천하기

WAIT 전략을 실천한 후 아래의 질문에 답한다. 여러 번 반복하는 것이 좋다.

Q. **감정을 관찰한다**: 내적 경험을 관찰하며 무엇을 발견하였는가?

Q. **감정을 수용한다**: 감정을 수용하는 과정에서 무엇을 느꼈는가? 감정을 외면하거나 벗어나고 싶다는 충동이 있었는가?

Q. **감정을 분석한다**: 감정이 어떠한 정보를 담고 있었는가?

_____

_____

Q. **기다린다**: 감정이 사라진 뒤, 생각과 행동이 어떻게 달라졌는가?

_____

_____

내 생각과 감정을 믿는 훈련

자신의 내적 경험(생각과 감정)을 마음챙김으로 바라본 후에는 현재 느끼고 있는 감정이 무엇인지 분명히 깨달을 수 있고, 감정에 따라 충동적으로 반응하는 일이 점점 줄어들게 된다. 그렇게 감정의 실체를 파악함으로써 감정을 효과적으로 다스리고 현명하게 사고할 수 있게 되면 자신의 생각과 선택, 정서적 경험을 신뢰할 수 있게 된다. 또한 정체성도 확실해진다. 선순환이다.

예민한 사람들의 경우 감정의 전염, 즉 타인의 감정에 '휩쓸리는' 경험을 자주 하게 된다. 화가 난 사람과 함께할 때면 같이 분노를 느끼는 식이다. 마음이 진정된 후에는 왜 화가 났는지 혼란스러워진다.

실제로 자신이라면 화를 내지 않을 일이었고, 직접 경험하지도 않은 일이었기 때문에 혼란스러울 수밖에 없다. 마음챙김을 통해 잠시 멈춤을 행할 수 있게 되면 자신의 정서적 경험 가운데 어떤 부분이 자신의 것이고 타인의 것인지 분명히 가려낼 수 있다.

잠시 멈추어 가만히 내면을 응시하라. 현재 느끼고 있는 감정을 파악하고 그 원인을 분석해보자. 이 과정에서 상대방이 화가 났기 때문에 자신도 그렇게 느꼈다는 것을 깨닫게 되면 해당 감정에 좀더 현명하게 대처할 수 있다.

감정을 향한 마음챙김이 가능해질 때 자신의 내적 경험을 정확하게 분별할 수 있고, 그래야 타인에 의해 휘둘리지 않고 자기 자신의 감정과 생각을 신뢰할 수 있게 된다. 또한 사람들이 당신을 떠날지도 모른다는 불안감으로부터 해방되어 한결 안정적인 인간관계를 유지할 수 있다. 마음의 평안을 얻고 자신을 있는 그대로 수용하며 스스로에게 관대해질 수 있다.

매일이, 마음챙김

매일 감정에 대한 마음챙김을 수행한다면 어느새 습관처럼 자연스럽게 행할 수 있게 될 것이다. 특히나 예민한 사람이라면 자신의 감정을 대상으로 마음챙김을 실행할 기회는 굉장히 많을 것이다.

판단하지 않는 연습

매일같이 타인과 교류하며 살아가는 만큼, 일상의 관계 속에서 마음챙김을 수행해보는 것도 좋다. 퇴근길에 남편에게 사다 달라고 부탁했던 물건을, 남편이 깜빡하고 빈손으로 왔다고 생각해보자. 남편에게 화가 날 것이다. 변명도 듣고 싶지 않아 남편에게 해명할 기회도 주지 않는다. 당신은 이미 나름의 답을 갖고 있는 상태이다. '내가 무슨 말을 했는지 귀담아들을 필요도 없을 만큼 난 저 사람에게 아무것도 아닌 거지.'

하지만 당신의 생각이 틀렸을 수도 있다. 이때 마음챙김으로 상황을 바라본다면 어떨까? 남편이 부탁한 일을 하지 못했다는 것을 인지하지만 남편의 행동을 당신의 마음대로 해석하거나 다른 의도가 있을 거라고 미리 짐작하지 않는 것이다. 남편의 의도는 당신이 알 수 없다는 것을 인정한다. 너무 바빴거나 피곤했을 수도 있다. 어쩌면 마트에 당신이 원했던 물건이 없었을 수도 있고 남편이 어찌할 수 없는 사유가 있었을 수도 있다.

타인의 행동이나 의도를 해석하려 드는 자신을 발견할 때면 그것은 오직 자신의 판단일 뿐이라고 인식하고 흘려보낸다. 앞서 소개한 WAIT 전략을 실천하는 것이다. 사유가 무엇인지 직접 물어보고 타인이 들려주는 사실에만 집중한다. 이렇게 하면 당신이 불필요하게 상처를 입거나 관계가 망가지는 일이 없어진다.

기쁨에 몰입할 때 생기는 변화

행복한 시간이나 일상 속 기쁨에 온전히 몰입할 때 우리는 힘든 순간을 이겨낼 힘을 얻는다. 반면 괴로운 순간만 인식한다면 지치고 절망감만 느낀다(리네한, 1993).

기쁨을 인식하는 연습을 시작하기 위해 우선 지난 6개월간 경험했던 긍정적인 일을 적어보자. 다이어리, 블로그, SNS 포스팅을 다시 살펴본다면 기억을 되살리는 데 도움이 될 것이다. 이렇게 좋았던 일이 많았던가, 놀라게 될 수도 있다. 행복했던 일을 주별로 정리하고, 지속적으로 기록한다.

의식적으로 자신에게 즐거움을 주는 일을 찾아 그 일을 하게 되면 활력이 생기고 스트레스에 저항할 힘이 커진다. 습관으로 만들면 좋을 한 가지 실천 사항을 알려주고자 한다. 앞으로 일주일간 자신이 좋아하는 일을 하되 그 같은 경험과 시간에 온전히 몰입해보길 바란다. 향이 좋은 커피 한잔을 음미하거나, 누군가의 생일을 진심으로 축하하는 것처럼 말이다. 핸드폰과 카메라는 놔둔 채 아름다운 공원에 나가 향긋한 풀 냄새에 집중하며 천천히 거니는 것도 좋다.

당신이 어디에 있든, 무엇을 하든 그 순간에 완벽히 몰입하는 마음챙김도 있다. 회사에 있을 때는 업무에 집중한다. 현재 하고 있는 일에 최대한의 집중력을 쏟는 것이다. 퇴근한 후 집에 돌아와서는 집에만 집중한다. 집에서는 업무에 관해 일절 생각하지 않는다. 종교적인 장소에 갔을 때는 그 목적을 다한다. 운전을 할 때는 오로지 운전에 몰입한다. 한 번에 하나씩만 처리할 때 스트레스 지수가 낮아지고 감정을 다스리는 능력이 향상된다.

마음이 보내는 경고 알아차리기

마음챙김의 태도로 하루하루를 살아갈 때 전반적인 스트레스가 크게 낮아진다(시겔Siegel, 2010). 그러나 이는 마음챙김 수련을 오랫동안 해온 사람에게도 결코 쉽지 않은 일이다. 일상생활 속에서 마음챙김을 행하는 데는 상당한 어려움이 따른다. 예민한 사람들이 마음챙김에서 가장 힘들어하는 부분은 바로 현실을 있는 그대로 받아들이는 것이다. 마음챙김을 따르지 않을 때 드러나는 다음의 몇 가지 신호를 유념하기 바란다. 본인에게서 이런 신호가 발견될 때면 다시 의식을 현재로 집중시켜 마음챙김을 수행하기 위해 의도적으로 노력해야 한다.

끊임없이 바란다

〰〰〰

사람은 누구나 바람이 있다. 먼 미래를 상상하며 거대한 바람을 갈망하기도 하고 작고 소소한 바람을 갖기도 한다. 아침에 일어나 '오늘은 출근 안 했으면 좋겠다'고 바라는 것처럼 말이다. 일어나야 하는 시간이 지났지만 조금 더 침대에 누운 채로 계속 이렇게 있으면 좋겠다고 바란다. 간신히 몸을 일으켜 옷장 앞에 서서는 예쁜 옷이 있으면, 5kg만 빠졌으면 하고 바란다. 가끔씩은 삶이 달라졌으면 하는 큰 바람을 꿈꾸기도 한다.

모두가 무언가를 소망하고 바라지만, 그로 인해 불행해지기도 한다. 바라기만 한다면 앞으로 나아갈 수가 없다. 현 상황을 있는 그대로 받아들이기 어렵고, 어떤 문제가 생겼을 때 자신이 직접 해결하기 위해 노력해야 한다는 생각을 할 수 없게 된다. 자기 삶에 감사한 마음을 갖기도 어렵다. 현실에 만성적으로 불만을 느끼는 사람은 새로운 스트레스 요인을 마주할 때 더욱 크게 압도당하고 좌절한다.

무언가 달라지면 좋겠다는 생각이 들 때는 우선 그 생각을 의심해야 한다. 정말 지금 상황에 문제가 있는 것인지 다시 생각해보는 것이다. 어쩌면 신경을 거슬리게 하는 아주 작은 일 하나에도 민감하게 반응하며 모든 것이 달라졌으면 좋겠다고 바라고 있는 것은 아닌지 생각해보자. 당신을 불쾌하게 하는 일이 사실 그리 중요한 일이 아니고, 혹은 자신이 어찌할 수 없는 영역 밖의 일이라는 것을 깨닫는다면 새롭게 접근할 수 있다. '찰나이다, 그저 한순간일 뿐이다' 하고 되뇌며 마음챙김을 수행할 수 있다. '가만히 놓아준다, 흘러가도록 놓아준다'라고 말하며 자신의 내면에 불필요한 감정의 동요와 비판적인 태도가 있다는 것을 인식하고 흘려보낸다. '그러려니' 하고 어쩔 수 없다고 생각하는 것 역시 상황을 그대로 수용하는 데 도움이 된다.

불평한다

거듭 이야기하지만 마음챙김이란 해석하지 않고 현실을 있는 그대로 보고 받아들이는 것이다. 불평은 현실을 받아들이지 않을 때 발생한다. 우리는 보통 상황, 사람, 삶이 달라지길 바라는 마음이 들 때 불평을 한다. 불평과 문제 해결은 분명 다르다.

긍정적인 면이 아니라 부정적이고 잘못된 부분에만 집중할 때 불평불만을 한다. 불평을 자꾸 할수록 좋았던 일이 아니라 싫고 불쾌했던 일만 기억에 남는다. 좋았던 일은 하나도 없었던 것처럼 생각하고 오직 잘못된 일에만 집중한다. 이런 태도는 현실을 왜곡하고 고통을 키울 뿐이다.

'해야 한다'는 표현을 자주 쓴다

현실을 인정하지 않고 있다는 또 다른 신호는 어떤 일을 하지 말아야 한다shouldn't는 식의 말을 자주 쓰는 것이다. 예를 들어, 딸이 어떤 밴드 투어를 따라 다니기 위해 회사를 그만두었다는 말에 그래선 안 된다고 생각한다. 돈이 생기는 것도 아니고 좋을 게 하나도 없는데 그런 투어 때문에 회사를 그만두는 것은 잃는 것이 너무 많다는 것이 엄마의 입장이다. 그래서 딸에게 더욱 현명한 혹은 안전한 선택을 강조하기 위해 '해선 안 된다'는 단어를 쓴다.

벌어질 수도 있는 일, 혹은 이미 벌어진 일을 두고 그런 일이 벌어져선 안 되었다고 생각하는 것은 현실을 부정하는 것이다. 현실을 수용하지 못할 때 괴로움이 찾아온다. 따라서 '해야 한다, 해선 안 된다'는 표현보다는 어떤 일로 벌어질 결과를 걱정한다거나, 그런 일이 벌어져서 슬프고 마음이 아프다고 표현하는 것이 좋다.

외면한다

힘든 현실을 외면한다면 불안감이 높아지고 이후에는 더욱 힘들어진 현실을 마주해야 하는 상황이 닥친다. 예를 들어 검진 결과를 알게 되는 것이 두려워 아예 병원에 가지 않고 버티다간 더 심각한 결과로 이어질 수 있다. 당신에게 화가 난 누군가를 계속 피한다면 관계를 잃게 될 수 있다. 외면의 종류는 다양하지만 결과적으로 현실을 부정한다는 점은 같다. 마음챙김으로 상황을 바라본다면 두려움을 인지하고 그것에 지배당하지 않을 수 있다.

수용하지 못하는 자신의 모습을 인식한다

~~~~~~

하루 혹은 단 한 시간만이라도 자신이 불평불만의 말을 할 때, '해야 한다' 혹은 '해선 안 된다'는 단어를 쓸 때, 현실을 회피하거나 상황이 달라지기만을 바라는 마음이 들 때, 그러한 마음들을 있는 그대로 자각한다. 그저 자각한 뒤, 자신의 의식을 과거도 미래도 아닌 현재의 순간, 즉 현실로 가만히 되돌린다. '내가 바꿀 수 없는 것들을 받아들인다'와 같은 말을 하면 현실을 있는 그대로 인정하는 것이 조금 더 수월해지기도 한다. 수용은 현재의 상황이 당연하다고 동의하는 것이 아니라 그저 있는 그대로 받아들이는 것이다(브랙Brach, 2004).

✻ 정리 ✻

감정과 그 감정을 불러온 상황을 있는 그대로 인식하는 법을 깨우치는 것은 정서 관리에 가장 중요하다. 판단하지 않고 현재의 순간에 머무르며 감정을 수용하는 마음챙김은 감정 관리에 도움을 준다. 5장에서는 감정 다스리기의 다음 단계, 자신이 느끼는 감정의 실체를 정확하게 파악하는 것을 배울 것이다.

내 감정과
마주하는 연습

우리는 태어날 때부터 감정을 느끼는 능력을 타고났다. 그리고 각각의 다양한 감정을 뭐라고 부르는지, 어떻게 다뤄야 하는지는 자라면서 점차 배워나갔다. 예를 들어 얼굴을 찌푸리며 소리를 지를 때 부모님은 당신에게 이렇게 말했을 것이다. "왜 그렇게 화가 났어? 장난감 잃어버렸구나? 아, 장난감이 없어져서 슬퍼진 거구나. 장난감이 어디로 갔을까? 같이 찾아보자." 이 짧은 대화 안에서 부모님은 당신의 감정을 추측하고, 해당 감정을 불러온 원인을 파악하고, 앞서 세운 추측을 수정하고, 문제 해결을 제시했다. 어린아이가 기본적인 감정을 관리하는 방법을 배우는 방식이다.

안타깝게도 부모님이나 양육자 가운데서도 지나치게 예민하거나, 감정을 관리하는 데 미숙한 사람들이 많다. 그 결과, 당신에게 감정을 효과적으로 관리하는 방법을 가르쳐주거나 본보기로 보여준 사람이 없었을지 모른다. 어쩌면 당신은 감정을 인식하고 인정하는 법 자체를 배우지 못했을 수도 있다. 자신의 감정을 외면하고 숨기고 두려워하는 데만 익숙하다면 이 장을 더욱 유심히 읽어주기 바란다.

감정에 이름표를 붙여야 하는 이유

자신이 현재 무엇을 느끼는지 아는 것이 감정 관리에 중요한 생리학적인 근거가 있다. 뇌의 편도체는 비상사태에 맞닥뜨렸을 때 투쟁 도피 반응(긴급한 상황에서 방어나 문제 해결을 위해 신체가 보이는 흥분 및 각성 상태-옮긴이)을 지시한다. 편도체는 이성적인 사고를 하지 않는 영역이다. 그런데 당신이 감정에 정확한 이름을 붙일 때 뇌에서 분석과 이성적 사고를 총괄하는 전전두엽 피질이 주도권을 잡는다. 즉, 감정을 제대로 파악할 때 뇌의 브레이크 페달이 활성화되는 것이다(리버만^{Lieberman}, 2006). 전전두엽 피질이 편도체에 진정하라는 신호를 보낸 덕분에 당신은 충동적인 행동을 막을 수 있다.

자신이 느끼는 감정을 정확한 이름으로 분류할 때의 이점은 또 있다. 바로 필요한 정보를 얻을 수 있다는 점이다(리네한, 1993). 가령, 분노는 해결해야 할 문제가 있다는 의미일 때가 많다. 하지만 분노라는 감정을 제대로 인식하지 못하거나 우울감으로 잘못 분류한다면 어떤 식으로든 변화가 필요하다는 중요한 정보를 놓치게 된다. 문제는 그대로이고, 괴로움만 커지게 될 것이란 뜻이다. 수치심을 인지하지 못했을 때는 자신이 사실은 무리에서 배제되는 것을 두려워한다는 점을 깨닫지 못하고 그저 사람들과 어울리기 싫은 것뿐이라고 치부하기 쉽다. 그래서 사람들에게서 더욱 멀어지고 상황은 점점 악화되기만 한다.

감정의 실체를 정확히 파악해야 원인도 제대로 찾을 수 있다. 슬픔을 정확히 인지한다면 무슨 일 때문에 자신이 슬픔을 느끼는지 생각해볼 수 있다. 그렇게 원인을 알면 그 문제를 해결하기 위해서 더 많은 정보를 얻기 위한 고민을 할 수 있고, 자신이 바꿀 수 없는 상황에 대해서는 수용할 여유도 얻는다. 예컨대, 당신이 지금 슬픈 이유는 친구가 생일 파티에 오지 않았기 때문이라는 것을 깨달았다. 그러면 당신은 친구에게 너무 아쉬웠다는 말을 전할 수 있다. 그런데 만약 슬픔을 분노로 잘못 이름 붙인다면(잘못 인식한다면) 이후 당신의 반응도 상당히 달라질 것이다. 친구와 교류를 끊거나 화를 내는 식으로 말이다. 이런 행동은 슬픔을 해소하는 데도 도움이 되지 않을뿐더러 친구를 잃게 되는 결과만 초래할 수 있다. 어쩌면 친구를 잃게 되는 것이야말로 당신의 가장 큰 두려움이었을 텐데 말이다.

감정의 실체를 파악하는 법

누구나 힘든 감정에 대처하는 법을 배워야 하지만, 예민한 사람들의 경우에는 필수적이다. 자기 몸의 감각을 인지하고 감정을 정확하게 파악해야 한다. 자신의 감정을 분명하게 깨닫는 법을 배우는 것은 감정을 효과적으로 통제하고 관리하는 데 있어서 가장 중요한 첫 단계이다.

몸의 감각을 분석한다

자신이 경험하고 있는 감정이 무엇인지 확실히 모르겠다면 신체 증상에 집중해본다. 감정은 몸의 감각으로 발현되기 때문이다(리네한, 1993). 공포는 복부에서 느껴지는 감각의 형태로 나타날 때가 많다. 분노는 어깨와 등, 얼굴로 나타나고, 슬픔은 보통 가슴과 목에서 느껴진다. 이렇듯 특정 감정과 함께 찾아오는 감각을 읽어낼 줄 알아야 한다. 예를 들어 화가 날 때 피곤함을 느끼거나, 불안할 때 머리가 아픈 느낌이 들 수 있다. 두렵고 긴장되는 일을 해야 할 때는 배탈과 비슷한 증상이 찾아오기도 한다.

자신이 현재 느끼는 감정을 잘 인지하지 못하는 경우, 역으로 몸의 반응을 읽어 감정을 파악할 수도 있다. 다른 사람이 당신에게 하는 말이나 행동 같은 외부적 요인에 대한 반응으로 몸에 어떤 증상을 느낀다면, 과거 똑같은 상황에서 자신이 어떤 감정을 느꼈는지 되짚어보며 현재의 내적 경험을 추적해나갈 수도 있다.

당신의 몸은 지금 무엇을 말하고 있는가?

자신의 감정을 정확히 해석하지 못하는 때도 있지만 상당히 분명하게 드러나는 때도 있다. 예를 들어, 슬픈 영화를 볼 때 슬픔을 느끼는 것은 자명하다. 이렇듯 감정을 명확하게 파악할 수 있을 때 몸에 어떤 감각이 찾아오는지 주의를 기울여야 한다.

앞으로 한 주간 슬픔, 분노, 상처, 질투, 즐거움, 외로움, 죄책감, 흥분, 행복, 수치심 등의 감정을 느낄 때마다 몸에 어떤 증상을 느끼는지 관찰해보자. 그리고 다음의 차트에 기록한다. 어떤 상황이 벌어졌을 때 혹은 어떤 말을 들었을 때 두통, 배탈, 복통, 피로 등의 신체 증상을 느끼는지도 관찰한다. 신체 증상을 차트에 기록한 후 무슨 감정 때문에 이런 감각을 느꼈는지도 함께 적어본다.

감정	몸의 감각

일주일 동안 기록을 통해 감정이 몸에서 어떻게 발현되는지 깨닫고, 이를 바탕으로 자신이 느끼는 감정이 무엇인지 확실치 않을 때는 역으로 유추하는 법을 배울 수 있다. 물론 두통이나 어떤 통증이 단순히 신체적인 문제로 생긴 것일 수도 있지만, 그렇더라도 감정으로 인해 증상이 악화되는 경우가 많다. 불안할 때 머리가 아프다는 것을 알고 나면 두통이 찾아왔을 때 무엇이 자신을 불안하게 만드는지 원인을

찾아 해결할 수 있다. 슬플 때 보통 눈가나 목이 뜨거워진다면, 해당 감각이 느껴질 때 그것이 슬픔이고 왜 이런 감정을 느끼는지 파악할 수 있다.

감정에 따른 충동을 분석한다

감정은 보통 행동을 동반한다. 가령, 도망치고 싶다는 충동은 두려움을 느끼고 있음을 뜻한다. 시선을 피하고 싶은 충동은 수치심을 의미한다. 공격하고 싶은 욕구는 분노에서 비롯되는 것이 보통이다(리네한, 1993).

예민한 성격의 사람은 다른 사람들보다 기분에 따라 행동할 때가 더 많다. 기쁘거나 행복할 때는 친구들과도 적극적으로 어울리고 무슨 일이든 관심을 갖고 참여하지만, 우울하거나 슬픈 날에는 스스로를 고립시킨다. 게다가 기분에 따라 자기 자신을 판단하는 기준도 달라진다. 화가 났거나 상처를 받았을 때는 자기 자신을 싫어하지만, 행복한 날에는 그 정도로 강렬한 자기혐오에 휩싸이진 않는다.

감정에 따라 행동하고 싶은 충동이 강하게 일더라도 실제로 그렇게 할 것인가는 선택의 문제이다. 2장에서 우리는 감정대로 행동할 때 감정의 강도가 더욱 커진다는 것을 배웠다. 어떤 감정을 더욱 부추기고 싶은 게 아니라면 행동을 바꿔야 한다. 부끄러울 때 숨기보다는 고개를 더욱 꼿꼿이 들고 사교적인 태도를 보이도록 시도해보라. 우울할 때 혼자 고립되기보다 오히려 사교적인 태도를 취해보라. 이렇게 행동에 변화를 주는 것만으로도 실제 감정이 바뀔 수 있다. 때로 그렇지 못한다 해도 최소한 감정의 강도를 낮출 수는 있다(리네한, 1993).

감정의 원인을 찾는다

감정의 원인을 찾으면 감정의 실체도 파악할 수 있다(리네한, 1993). 감정의 원인을 찾기 위해선 지금 현재의 감정을 불러일으킨 시작점(일차적 감정)으로 거슬러 올라갈 필요가 있다. 그중에서도 자신이 어떤 일을 경험했는지를 떠올려보는 것이 효과적이다. 우리는 보통 특정한 생각이 감정을 불러온다고 여기기 쉬운데, 좀 더 파고들면 생각은 외부적 요인과 경험에서 파생된 결과임을 알게 될 것이다.

예를 들어, 아침식사를 즐기던 중 갑자기 불편한 감정에 사로잡혔다고 생각해보자. 그 원인이 헤어진 옛 애인을 떠올렸기 때문이고, 그 불편한 감정의 정체는 다름 아닌 슬픔이었다. 그런데 이 슬픔이란 감정이 어디서 비롯된 건지를 추적해보니, 과거 애인이 좋아하던 음식을 먹으며 그 사람을 떠올리게 됐고, 그러고 나서 찾아온 감정이 슬픔이었음을 알게 됐다. 슬픔이란 감정을 초래한 근본적인 원인은 그저 아침식사 메뉴였을 뿐이다.

어떤 감정이 처음 일어날 당시 자신이 무엇을 하고 있었는지, 혹은 어떤 생각을 하고 있었는지, 어떤 일이 벌어지고 있었는지 되짚어보길 바란다. 처음에는 상세하게 떠올리기 어려울 것이고, 딱히 정서적 반응을 일으킬 만한 사건이 없었다고 생각할 수도 있다. 그렇다면 아침에 일어났을 때부터 하나씩 천천히 하루를 되짚어보라. 아침에 일어났을 때도 이런 기분이었는가? 아침식사 때는? 출근할 때는? 점심시간에는? 자신이 무엇을 했고, 어떤 이야기를 들었고, 무슨 생각을 했는지 떠올리며 언제 지금 이 감정이 찾아왔는지 추적한다. 누구와 어떤 대화를 나누었는지도 생각해본다.

그래도 감정을 초래한 원인을 파악할 수 없다면 이번엔 사건이 아니라 사람에게서 찾아본다. 함께 영화를 보기로 했던 친구가 약속을 지키지 못하겠다는 소식을 전해오면 대부분의 사람들은 실망감을 느낀다. 어쩌면 오늘 친구에게서 비슷한 실망감을 느꼈지만, 본인이 제대로 인식하지 못했던 것인지도 모른다.

감정을 파악하는 다양한 방법

자신의 감정을 정확히 파악하는 또 다른 방법은 감정 목록을 꼼꼼하게 살피는 것이다. 선택지가 있으면 답을 찾기가 훨씬 쉽다. 기쁨, 놀람, 분노, 수치심, 죄책감, 공포, 불안, 질투처럼 기본적인 감정을 종이에 적는다. 목록에 적힌 감정을 읽어 내려가며 자신의 것과 가장 흡사한 감정을 찾는다.

보디랭귀지, 특히나 얼굴 표정에 주의를 기울이면 답을 찾기가 수월해진다. 거울을 보고 표정이 표현하는 바를 살핀다. 얼굴이 슬퍼 보인다면 현재 당신이 느끼고 있는 감정이 슬픔일 것이다. 표정을 읽기가 힘들 때는 다른 이에게 물어본다. 타인의 눈이 더욱 정확할 때도 있다. 그러고 난 뒤 해당 감정을 불러올 만한 계기가 있었는지 생각해보고 현재 상황에서 어떤 행동을 취하는 것이 가장 적절한지 찾아간다.

물론 생각 자체도 유심히 살필 필요가 있다. 슬픈 생각이 들 때는 슬픈 감정을 느끼고 있을 확률이 높은 식이다. 특정 상황을 떠올릴 때 특정 감정이 유발되기 때문에 생각 또한 신중하게 하는 것이 감정 관리에 유익하다. 이 부분에 대해서는 다음 장에서 더욱 자세하게 다룰 예정이다.

감정을 헷갈리게 하는 방해물

자신의 감정을 정확하게 인지하는 것이 어려운 데는 여러 가지 이유가 있다. 감정이 동반하는 신체적 감각에 무감한 탓도 있을 것이다. 유년 시절에 어떤 신체 감각이든 모두 분노로 해석하도록 잘못된 가르침을 받았을 수도 있다. 감정의 이름을 제대로 배운 적이 없어 자신이 느끼는 감정을 정확히 명명할 수 없거나, 자신의 감정을 착각하고 있는 것인지도 모른다. 어쩌면 가능한 한 자기 감정을 외면하며 살아왔을 수도 있다.

감정을 착각하다

몇몇 신체 감각과 감정은 혼동되기 쉽다. 피로를 우울로 오해한다거나, 흥분을 행복으로 오해하는 것이다. 더욱이 정서적 반응은 그 체계가 복잡해 다양한 감정과 생각이 한꺼번에 일어나기도 한다. 어떤 때는 생각을 느낌으로 착각한다. 이런 이유로 감정을 정확히 인식하기가 어렵다.

자신의 감정을 제법 정확히 읽어내는 사람이라 해도 한번씩 헷갈릴 때가 있다. 아래 이야기에 등장한 엘렌도 그랬다.

엘렌은 30대에 접어들면서 크리스마스를 성대하게 보내기 시작했다. 초콜릿을 직접 만들고, 크리스마스 트리를 두 개나 장식하고, 크리스마스 카드도 제작하고, 이브 날 즐길 성대한 만찬을 준비했다. 이렇게 준비하는 데만 몇 개월이 걸리곤 했다. 그러자 슬슬 힘에 부치기 시작했다.

생각 끝에 엘렌은 크리스마스 행사를 그만두기로 결심했다. 그 뒤로는 크리스마스 시즌이 와도 트리도 준비하지 않았고 요리도 하지 않았다. 슬프기도 했지만 한편으론 바쁜 시간을 쪼개 크리스마스 준비를 하지 않아도 되어서 편안한 마음이었다.

사실 처음에 엘렌은 자신이 늘 해오던 대로 준비하지 못했기 때문에 크리스마스를 제대로 즐길 수 없을 거라 생각했다. 그런데 실상 그렇지 않았다. 그녀는 소박하지만 아름다운 크리스마스를 보냈다.

엘렌은 자신이 행복과 흥분을 항상 착각했다는 것을 깨달았다. 정성 들여 크리스마스를 준비하는 과정에서 그녀는 흥분되고 들뜨는 기분을 느꼈지만 행복을 느낀 것은 아니었다. 자신의 감정을 정확하게 파악한 후부터 그녀는 크리스마스를 다른 방식으로 즐겁게 보낼 수 있게 되었다.

사람들이 자주 착각하는 감정 가운데 하나가 흥분과 불안이다. 불안은 보통 염려를 내포하고 있는 반면, 흥분은 기대감에 가깝다. 해외여행을 앞두고는 보통 불안과 흥분을 함께 느낀다. 새로운 직장 역시 마찬가지이다. 그런데 만약 흥분을 불안으로 착각한다면 자신이 실제로는 좋아하게 될지도 모를 멋진 기회를 거절하는 일이 생기고 만다. 그뿐만 아니라 불필요하게 불편한 감정을 경험하기까지 한다.

불안과 두려움을 혼동하는 경우도 있다. 불안감은 미래에 벌어질 수도 있는 달갑지 않은 어떤 일, 보통은 우리가 어찌할 수 없는 일을 떠올리며 찾아오는 감정이다. 예를 들어, 자신이 바라던 직장에 취직이 될지 불안해한다. 두려움은 누군가 지금 집 안에 무단침입하려고 하는 것처럼 눈앞에 닥친 위험과 관련한 감정이다.

두려움은 총소리를 듣고 119에 전화를 하거나 도망치는 등 그 상황에 필요한 행동을 촉발한다. 그다지 긴박하진 않지만 중요한 문제에 관해서도 마찬가지이다. 지각하는 동료들이 해고되는 모습을 본 후에 제시간에 출근하려고 노력하는 것은 두려움이 시키는 일이다. 이처럼 사실에 기반한 두려움은 우리가 문제를 해결하고 안전을 도모할 방법을 찾는 동력으로 작용한다. 스피치 연습을 하거나 시험공부를 하는 것처럼 불안 덕분에 우리는 미래를 대비할 수 있다. 하지만, 마땅히 지금 당장 할 수 있는 일도 없고, 본인이 통제할 수도 없는 상황이라면 불안이란 감정은 우리에게 그다지 도움이 되지 않는다.

정확하게 자신의 감정을 파악한다면 그 상황에 제대로 대처하기 위해 어떤 행동을 취해야 할지 결정할 수 있다. 일자리를 잃을까봐 불안하다면 그 불안감을 바탕으로 회사에서 더욱 중요한 직원으로 자리매김할 수 있도록 노력하거나 이직 준비를 하는 것이 현명하다. 반면, 자기 선에서 할 수 있는 것을 모두 했고, 상황을 본인 뜻대로 통제할 수 없는 경우라면 감정 전환이나 근육 이완처럼(2장 참고) 불안 증상을 경감시키는 방법을 적극 활용하는 것이 좋다.

다양한 감정을 동시에 느끼다

사람은 한 번에 여러 감정을 동시에 느끼게 마련이다. 그런데 그중 한 가지 감정에만 몰입할 때가 있다. 예를 들어, 민감한 사람들은 자신의 삶이 대체로는 원만하다는 사실을 알고 있음에도 불만족스러운 면에 깊이 빠져드는 경향이 있다. 단 한 가지 감정만 인식하면 삶을 바라보는 관점이 좁아진다. 슬플 때면 그 감정에만 사로잡힌 나머지 자신의 삶 전반에 걸친 행복한 부분은 떠올리지 못하는 식이다. 슬픈 감정이 우세하겠지만 가족이나 친구 관계가 주는 기쁨과 고마움을 잊지 않으려 노력해야 한다.

한 가지 일을 두고 동시에 여러 감정을 느낄 때면 각각의 감정을 정확하게 인지하는 것이 어려울 수밖에 없다. 다른 도시로 이주하게 되면서 몇 년간 함께 일하던 동료들과 헤어지게 됐다고 가정해보자. 친한 이들과 떨어지는 것은 슬프지만 동시에 새로운 기회를 맞이해 행복하고 흥분되고 긴장이 되기도 한다. 어쩌면 동료들과의 지난 일들을 떠올리며 후회나 죄책감이 들지도 모른다. 이런 상황에서는 각각의 감정을 따로 인식하는 것이 어렵다.

따라서 가장 강렬한 감정 외에 현재 자기 내면에 어떤 감정이 자리하고 있는지 적극적으로 살펴야 한다. 다양한 감정의 존재를 인식할 때 비로소 내면의 균형을 찾을 수 있다. 힘든 감정에 휩쓸리는 일도 줄어든다.

　다음에 소개된 과제를 완수한다면 자신의 감정을 분별하고 자각하는 능력이 훨씬 향상될 것이다.

당신의 정서 생활

일주일 동안 자신의 감정에 정확한 이름을 붙이는 훈련을 진행한다. 아래는 가장 기본적인 감정 몇 가지를 나열한 것이다.

슬픔　분노　불안　공포　질투　사랑　상처　좌절　기쁨

1일

2일

3일

4일

5일

6일

7일

마지막 날에는 자신이 기록한 것을 다시 살펴본다. 한 가지 감정이 자주 등장했거나, 매일 하나 혹은 두 개의 감정만 인식했다면 일주일 더 진행해보며 다양한 감정에 귀 기울이도록 노력한다. 예를 들어, 불안을 느낄 때가 많았다면 새로운 주에는 기쁨이나 분노와 같은 다른 감정을 의도적으로 인식하려고 노력해보는 것이다. 자신이 느끼는 감정에 대해 자주 확인하는 습관을 들이는 것이 좋다. 한 시간에 한 번씩 알람을 설정해놓는 등 주기적으로 자신의 감정을 확인할 장치를 마련하면 도움이 된다.

1차 감정에 귀 기울여야 한다

어떠한 일이나 생각으로 감정이 생겨날 때, 이 감정으로 인해 또 다른 감정이 생성되기도 한다. 예를 들어, 슬픔을 느끼는 것을 두려워하는 사람이 있다. 이 때문에 그 사람은 슬플 때 두려움을 함께 느낀다. 또, 슬픔을 싫어하는 사람은 이 감정을 외면하고자 슬픔이란 감정이 찾아올 때 외려 분노를 느끼기도 한다. 가령, 아내가 해고되었다는 소식에 마음이 무겁고 슬퍼졌다. 하지만 슬픔이란 감정을 지독히 싫어하는 나머지 슬픔을 분노로 대체한다. 화를 낼 때는 그나마자신이 나약하다는 생각이 들지 않기 때문이다. 그래서 아내에게 쌀쌀맞은 말이 나간다. '당신이 게으른 탓에 해고되었다'며 쏘아붙인다. 이내 아내와의 말싸움으로 번지고, 아내 역시 당신의 마음에 상처가 될 만한 말을 한다. 이제 당신이 느끼는 것은 끔찍함이라는 감정이다.

일차적으로 찾아온 본래의 감정을 잘 파악해야 상황에 효과적으로 대처할 수 있다. 그 감정이야말로 당시의 상황과 그 상황 속 당신의 경험에서 직접적으로 파생된 결과물이기 때문이다.

생각 vs 감정

'당신의 정서 생활'을 기록하는 동안 생각과 감정을 헷갈린 적도 있었을 것이다. 예민한 사람들은 이 두 가지를 혼동하는 경우가 잦다. 그래서 '생각한다'보다 '느낀다'란 말을 자주 쓴다. 그 결과, 감정이 그다지 도움이 되지 않거나 개입되어서는 안 되는 상황에서도 자신의 감정을 결부시키는 일이 생긴다.

회사에서 팀 리더를 뽑는 상황을 가정해보자. 리더십 능력을 이성적으로 판단해 조지를 추천하지만 "제 느낌에는 조지가 적합할 것 같아요"라고 말한다면 감정에 따라 선택을 한 것처럼 들린다. 또한 누군가 반대 의견을 낼 때 감정적으로 반응하게 될 위험도 높다. "저는 조지가 적합하다고 생각해요"는 감정을 자제한 발언이다. 생각에 감정의 옷을 입히지 않고 생각 그 자체로 분명하게 표현할 때 이성적 사고와 감정적 반응을 분리시킬 수 있다.

부정적인 생각은 특히나 감정과 혼동되기 쉽고, 이 혼동으로 인해 상황에 현명하게 대처하기가 더욱 어려워진다. 예를 들면, 당신이 친구에게 비밀을 털어놓았는데 친구가 다른 사람에게 그 비밀을 말해버렸다는 것을 알았다면? "배신당한 느낌이야"라고 말할 수 있을 것이다. 하지만 배신당한 느낌에 대해서는 어떻게 대처해야 할지 방법을 알 수 없다. '배신'은 감정이 아니라 생각이기 때문이다. 좀더 정확히 말하자면, "배신당했어" 혹은 "그녀가 날 배신했어"라고 말해야 한다. '배신당한 것'은 느낌이 아니라 생각이라는 것을 알아야 이후 적절한 행동을 취할 수 있다. 정황을 직접 알아볼 수도 있고, 그 친구와 앞으로 거리를 유지하거나 관계를 끊겠다는 결론을 내릴 수도 있을 것이다.

'배신을 당했을 때 느끼는 감정'은 생각이나 이성과는 다른 영역이다. 배신당했을 때 우리는 보통 슬픔, 분노, 아픔을 느낀다. 자신이 느끼는 감정의 실체를 제대로 알아야 대응할 방법을 찾을 수 있다. 배신으로 인해 슬픔을 느낀다면 스스로를 위안할 방법을 찾는다. 분노를 느낀다면 그 어떤 결정을 내리기에 앞서 잠시 마음을 진정시킬 시간을 갖는다.

"만신창이가 된 것 같은 느낌이야"라는 말은 어떤가? '배신당한 느낌'처럼 '만신창이가 된 것 같은 느낌' 역시 감정이 아니다. '만신창이가 되었다'는 생각을 감정처럼 표현한다면 당신이 진짜 느끼는 감정이 가려지고 만다. 자신의 감정과 생각을 제대로 표현하기 위해서는 "사람들에게서 버림받은 존재가 된 것 같은 생각에 마음이 만신창이가 되었어" 또는 "가슴이 미어질 듯이 끔찍한 슬픔을 느껴"라고 말해야 한다.

자신의 경험을 구체적이고도 정확하게 깨달아야 현명하게 행동할 수 있다. 또한 '감정'으로 오인한 '생각'으로 인해 그릇된 자아상을 갖게 될 위험도 줄어든다.

생각인가, 감정인가?

이번에는 생각과 감정을 구분하는 연습을 해볼 차례이다. 다음 문장 가운데 '감정'을 기술한 문장 옆에 체크 표시를 한다. 정확하게 의미를 전달하기 위해서는 수정이 필요한 문장에는 X 표시를 한다. 해당 문장을 발화하는 상황을 상상해보거나 자신이 직접 이 말을 했던 경우를 떠올려보고 X 표시를 한 문장을 어떻게 고칠 수 있을지 생각해본다. (이후 소개할 내용들을 더욱 잘 이해하고 활용하기 위해선 이 연습문제를 지금 해보고 넘어가는 편이 좋다.)

_____ 1. 버려진 기분이다.

_____ 2. 실패자가 된 느낌이다.

_____ 3. 난 아름답다.

_____ 4. 지금 당장 초콜릿을 먹어야만 한다.

_____ 5. 너무 질투가 나서 저 사람을 한 대 때려주고 싶을 정도이다.

_____ 6. 혼란스러운 느낌이다.

_____ 7. 마음이 아프다.

_____ 8. 사람들과 단절된 느낌이다.

_____ 9. 감자칩을 너무 사랑한다.

_____ 10. 멍한 느낌이다.

정답은? 5와 7은 감정이다. 그밖의 문장은 모두 생각이다.

자신이 잘못 표시한 문장을 다시 한번 살펴보기 바란다. 예를 들어 '실패자가 된 느낌이다'는 감정으로 오인한 생각이다. 자신이 실패자라는 생각과 동반되는 감정은 슬픔, 절망, 당황, 수치심 등이다. 자, 지금부터 생각과 감정을 분리해서 새롭게 표현하는 연습을 해보자. "하는 일마다 실패하고, 회사에서도 해고를 당하고 나니 난감하고 슬프다"처럼 말이다. 실제로 당신이 이와 비슷한 경험을 한다면 '실패자가 된 느낌이다'라고 말하는 것보다 앞서 보여준 예시처럼 표현하는 것이 좋다. 그래야 자신이 정말 매번 실패만 거듭했는지, 자신이 정말 느끼는 감정이 난감함과 슬픔인지 생각해볼 수 있고, 그것을 시작점으로 본인이 과장을 하거나 감정의 실체를 잘못 파악하고 있는 것은 아닌지 되짚어볼 수 있다.

감정의 마비

음식, 진통제를 포함한 각종 약물, (자해, 과로, 과다한 쇼핑, 집착, 무리한 운동 등의) 특정 행동을 통해 감정을 마비시킨다면 자신이 무엇을 느끼는지 알아채기가 어렵다. 부정적인 감정을 느낄 때 과식에 대한 충동이나 다른 무언가에 매달리는 것은 아닌지 살펴보고, 자신의 현재 감정을 파악하는 데 집중해야 한다. 감정을 느끼는 연습을 하는 것이 중요하다.

당신의 감정은 마비되어 있는가

원치 않은 감정을 회피하기 위해 주로 하는 행동이 있는지 생각해본다. 쇼핑, 과식, 음주, 컴퓨터나 핸드폰의 지나친 사용, 과도한 스케줄, 수면, 사람들과 어울리기 등, 당장의 감정을 마비시키기 위해 하는 특정한 행동을 하고 있진 않은지 적어본다.

앞으로 일주일 동안, 자신의 감정을 외면하고 싶을 때마다 3분 타이머를 설정해보자. 그리고 그 3분 동안 어떤 감정을 외면하고 싶었던 건지 곰곰이 생각해보고, 동시에 그 이면에 숨겨진 진심은 무엇인지 파헤쳐본다. 가급적 3분 동안 온전히 집중해서 생각해야 숨어 있는 감정을 읽어낼 수 있을 것이다. 외면하고 싶다는 충동 뒤에 자리한 감정과 생각의 실체는 상황마다 다를 수 있지만, 반복적으로 드러나는 패턴을 찾게 될 수도 있다.

▶ **감정을 마비시키는 행동**

감정

생각

감정

생각

감정

생각

기록을 다 마치고 나면, 자신이 마비시키고 싶어 하는 특정한 감정이 있다는 것을 알아차리게 될 것이다. 이제부터는 피하려고 했던 그 감정들에 더욱 주의를 기울이는 노력을 해야 한다. 일정 시간 동안 이 감정을 온전히 느껴보는 연습을 시작한다. 해당 감정이 완전히 사라질 때까지 감정을 직시한다. 감정의 강도가 지나치게 격렬하다면 5분 정도로 자신이 견딜 수 있을 만큼 시간을 설정하고, 자신이 정한 시간 동안 감정을 경험한 후에는 운동이나 친구와의 대화 등 건강한 방법으로 감정을 떨치도록 해본다. 그러다 보면 실제로 점차 감정이 사라지는 것을 경험하게 될 것이다. 특정 감정을 자각하고 온전히 몰입한 후에 원하는 활동을 하며 휴식을 취하는 것이다.

감정의 원인을 잘못 추측할 때

자신이 왜 이런 기분을 느끼는지 도무지 모를 때가 있다. 그때마다 사람들은 그 감정의 원인을 이성적으로 분석하려 들지만, 잘못 추측하는 경우가 대부분이다. 예민한 사람은 자각하지 못할 뿐, 사실과는 다른 자신만의 해석으로 현재 느끼는 감정을 합리화시키는 데 꽤 능숙한 편이다.

앞서 이야기했듯이, 감정의 원인이 복합적일 때는 정확히 파악하기가 더욱 어려워지기 때문에 스스로 엉뚱한 이유를 만들어내기도 한다. 예를 들어, 특정 상황에서 부차적인 감정들만(어떤 감정의 결과로 생겨나는 또 다른 감정만) 인지하게 되는 경우다. 슬플 때마다 분노가 자동 반사적으로 찾아와 외려 처음 느낀 슬픔이란 감정의 존재를 모르고 넘어가는 식이다.

예민한 사람들은 창의력이 높은 편이다. 창의적 사고를 통해 다른 사람들은 발견하지 못하는 사건 간의 연결고리를 찾아내는 능력이 뛰어나다(애리얼리Ariely, 2012). 그러한 능력이 세상을 다른 관점에서 바라보게 하고 깊이 이해하게 하여 득이 될 때도 많다(핑크Pink, 2005 등). 그러나 때론 아무런 관련이 없는 사안들까지 상관관계가 있다고 믿기도 한다. 자신의 단순한 실수를 과대 해석하거나, 본인의 잘못이 아닌 일에도 자신에게 책임이 있다고 오해하는 식이다. 다른 사람의 감정과 행동에도 필요 이상의 의미를 부여하며 잘못된 해석을 하기도 한다.

외부의 사건이나 타인의 행동을 매사 자신과 연결 짓거나 자신에게 잘못이 있다는 태도로 접근한다면 삶에 불필요한 고통만 늘어난다. 이 패턴을 바꾸기 위해서는 무엇보다 타인의 행동과 말에 숨겨진 의미가 있을 거라고 생각하는 것을 멈춰야 한다. 설사 타인의 언행에서 당신을 힐난하는 뉘앙스가 느껴진다 해도 무작정 본인의 책임을 인정하기보다, 가장 먼저 있는 그대로의 사실만 보고 상황 속 정보들을 객관적으로 파악하기 위해 노력해야 한다.

사실관계와 자의적 해석을 명확히 구분하는 것은 감정을 다스리는 데 상당히 중요하다(리네한, 1993). 일명 '팩트'는 당신이 직접적으로 관찰할 수 있는 것들이다. 누군가 얼굴을 찌푸리는 모습은 팩트지만, 그 표정을 보고 이유를 추측하는 것은 자의적인 해석이다. 진짜 이유는 당사자만 알고 있다. 자신의 추측에 확신이 든다 해도 섣불리 단정하기보다, 필요하다면 상대방에게 직접 묻고 확인하는 것이 좋다.

타인의 생각과 행동의 의도를 자꾸만 추측하다 보면 괴로움이 찾아온다. 당신 나름의 짐작으로 점점 더 부정적인 감정에 깊이 빠져들었던 적이 분명 있었을 것이다. '날 해고하려고 하는 거야'라는 생각에 빠져들 때 불안감이 증폭된다. '내가 전화한 걸 알면서도 아직 전화를 안 하다니, 나랑 헤어지고 싶은 게 분명해' 같은 생각은 분노, 불안, 슬픔만 가중시킨다. 사실관계를 확인해야 오해와 잘못된 추측으로 부정적인 감정이 생겨나는 일을 막을 수 있다.

예를 들어, 불안감을 느끼지만 이 감정이 어디서 비롯된 것인지 정확히 모르겠다고 가정해보자. 원인을 찾아가던 중 친한 친구가 한동안 당신에게 연락을 하지 않았다는 사실을 깨달았다. 당신이 무언가 서운하게 한 일은 없었는지 생각해본다. 친구에게 왜 화가 난 건지 물어본다. 친구가 그렇지 않다고 답했지만 당신은 친구의 말을 곧이곧대로 믿을 수가 없다. 친구가 진실을 말할 생각이 없어 보이므로

이 관계는 이제 끝이 났다고 결론 내린다. 거부를 당할까 두렵고, 마음에 상처를 입은 당신은 친구를 멀리하기 시작한다.

예민한 사람들은 보통 직관이 발달하지만, 그 직관이 항상 옳은 것은 아니다. 친구는 진짜로 당신에게 화가 나지 않았을 수도 있다. 너무 바빴거나, 어떤 다른 문제로 고민에 빠져 있는 시기였을 수도 있다. 어쩌면 당신이 느끼는 불안감은 사실 친구가 원인이 아니었을지 모른다. 실은 다른 도시로 이사를 앞두고 있는 딸을 걱정하는 마음에 불편한 감정을 느꼈던 것인지도 모른다. 그 감정 자체가 너무 두려운 나머지 딸이 당신과 떨어지는 것에 대해 아예 생각하고 싶지 않았던 것은 아닐까. 자신이 느끼는 불안을 친구가 당신에게 화난 것 때문이라고 해석하는 편이 덜 괴로울 테니까 말이다.

이처럼 감정이 촉발된 진짜 원인을 잘못 추측한 적이 있다면, 이제부터는 특정 감정이 생기기 전에 선행된 일들을 꼼꼼하게 되짚어보되, 섣부른 추측을 삼가는 연습을 하자.

다음에 이어지는 차트를 통해 감정이 당신에게 어떠한 영향을 미치는지 조금 더 자세하게 알아볼 수 있다.

앞으로 일주일 동안 정서적 반응이 일어날 때마다 다음의 '감정과 행동 차트'에 어떤 감정을 느꼈고 어떤 행동을 했는지 기록한다.

우선 무슨 일 때문에 정서적 반응이 일어났는지 기록한다. '면접을 앞둔 나에게 가장 친한 친구가 응원의 말을 해주지 않았다'는 식으로 말이다.

그런 다음에는 당신의 생각을 기록한다. '내게 관심이 없어' 혹은 '걔는 자기밖에 모르는 애인데 내가 뭐 하러 그런 기대를 했을까'처럼 말이다.

그런 뒤에는 분노, 슬픔, 두려움, 질투, 기쁨, 사랑 등 가장 처음 찾아온 감정을 적고, 그 감정에서 비롯된 또 다른 감정이 있다면 그것도 함께 기록한다. 슬플 때 분노를 함께 느낄 수도 있다.

이제 당신의 감정이 어떤 정보를 내포하고 있는지 적는다. 예를 들어 '상처'를 받았다면 당신에겐 친구의 격려가 그만큼 중요하다는 의미이다. '분노'를 느꼈다면 친구와 문제를 해결하거나 맞서 싸우라는 신호이다.

이제, 해당 감정을 느낀 뒤 실제로 한 행동을 기록한다. 과식을 했는가? 친구를 외면했는가? 스스로 더욱 혼자가 되었는가?

마지막으로 당신의 행동에 따른 결과를 적는다. 긍정적, 부정적, 장기적, 단기적 결과를 빠짐없이 기록한다. 별로 필요하지도 않은 재킷인데 너무 예쁜 나머지 감당할 수 없을 만큼의 큰돈을 지불했는가? 친구와 언쟁을 벌인 후 후회했는가?

▶ 나의 감정과 행동

사건

생각

처음 찾아온 감정

두 번째 감정

감정이 내포한 정보

행동

결과(장기적, 단기적)

일주일 후 자신이 기록한 내용을 읽어본다. 어떠한 정서적 패턴이 보이지 않는가? 슬플 때 쇼핑을 간다거나, 누군가 기분이 상했을 때 자기 자신을 질책하는 등의 패턴이 있을 것이다.

그렇다면 이제 패턴을 바꿀 방법을 떠올려보자. 아침에 일어나 더러운 그릇이 가득한 싱크대를 보며 자기 자신이 게으르다는 생각이 들고, 그로 인해 절망감이 찾아오고, 그래서 집 밖을 나가고 싶지도 않고, 무엇에도 적극적으로 해볼 의욕이 나지 않았다고 가정해보자. 이런 현상을 계속 방치한다면 결국 자신의 목표를 달성하는 데 필요한 일들, 가령 무언가를 배우기 위해 수업을 듣거나 새로운 사람을 사귀는 등의 행동들을 할 수 없게 된다. 이때는 이 악순환의 고리를 끊을 구체적인 행동을 취하는 것이 좋다. 전날 더러운 그릇을 닦아 놓으면 상황은 의외로 쉽게 달라질 수도 있다.

자신의 감정을 정확하게 파악하는 것은 감정 관리에 아주 중요하다. 예민한 사람뿐 아니라 모두에게 해당하는 말이다. 그러나 예민한 사람의 경우 감정을 훨씬 강렬하게 느끼기 때문에 감정에 대처하는 방법을 찾고 적극 활용하는 노력이 더욱 중요하다. 이번 장에서 다룬 감정의 실체와 원인을 파악하는 방법에 숙달되면 특정 감정에 자신이 반응하는 패턴을 이해하게 되어 더욱 효과적으로 감정에 대처할 수 있게 될 것이다.

이어지는 장들에서는 감정 패턴을 바꾸는 여러 가지 방법을 좀 더 구체적으로 다룰 예정이다. 우선 바로 다음 6장에서는 자기 자신과 타인, 그리고 세상에 대해 자의적으로 판단하지 않는 법을 배울 것이다. 정서적 고통만 키울 뿐인 그런 잘못되고 편협한 판단을 끊어내는 것이 매우 중요하다.

함부로 판단했을 때
벌어지는 일들

예민한 사람이라면 어렸을 때부터 '네 생각이 틀린 것 같아', '그렇게 까지 흥분할 일은 아닌 것 같은데' 등의 이야기를 들어본 적이 있을 것이다. 누군가로부터 이런 말을 직접적으로 들은 것 외에도 사람들이 당신을 이런 식으로 판단하는 것 같다고 지레짐작하며 힘들어했던 기억 때문에 사소한 비판에도 과민하게 반응하게 되었을지도 모른다. 누군들 부정적인 비판을 받고 싶은 사람이야 없겠지만, 정서적으로 예민한 사람들은 특히나 비판을 고통스러워 한다. 실제든 짐작이든, 자신을 향한 부정적인 가치 판단으로 인해 수치심을 느끼거나 절망적인 생각이 들 때가 많다.

심지어 무언가가 '좋다'는 식의 긍정적인 가치 판단마저도 문제가 되곤 한다. 무언가가 '좋다'는 것은 다른 무언가는 '나쁘다'는 의미가 되기 때문이다. 즉, 긍정적인 가치 판단은 부정적인 가치 판단의 단초를 제공하기도 한다. 무언가를 자꾸 비교하고자 하는 경향이 심화되고, 어떤 것이든 '좋다', '나쁘다'의 기준으로 판단하게 된다. 이번 장에서는 부정적인 가치 판단을 중점적으로 다루겠지만, 긍정적인 가치 판단 역시 갈등을 일으키는 때가 많다는 것을 유념하기 바란다.

　부정적이든 긍정적이든, 자기 스스로의 판단은 물론 당신을 향한 타인의 판단, 타인을 향한 당신의 판단을 모두 내려놓을 때 감정의 강도는 낮아진다(리네한, 1993). 모든 것을 긍정적으로 바라보라는 것이 아니다. 좋다, 나쁘다의 이분법적 잣대를 버리고 있는 그대로 상황을 받아들이라는 의미이다. 자신의 판단이 아닌 사실에 집중할 때 비로소 타인에 대한 오해와 잘못된 추측, 왜곡된 이야기에 반응하는 안타까운 일이 줄어든다.

판단하는 습관 버리기

가치 판단은 감정을 야기한다. 게다가 외부 사건에 대한 반응으로 생겨난 감정은 주관적인 자기 판단을 거치며 더욱 심화된다. 이혼을 앞두고 스스로를 사랑받을 자격이 없는 사람이라거나, 항상 문제만 일으키는 사람이라고 치부한다면 이혼을 경험하며 찾아온 고통의 강도는 더욱 심해진다. 이토록 고통받는 자기 자신이 한심하다거나, 이렇게 힘들어만 해서는 안 된다는 식의 판단을 하고 나면 오히려 고통이 배가 되기 마련이다. 본인이 본인에게 어떤 판단을 내리는지를 자각하고, 자신을 새롭게 바라보는 시각을 얻는다면 이러한 행동 패턴을 없앨 수 있다.

어린 시절부터 정서적으로 예민한 아이로 자랐다면 너무 감정적이다, 극단적이다, 손이 많이 간다, 나약하다, 머리가 비상하다, 관심받기를 좋아한다 등의 이야기를 자주 들었을 것이다. 어쩌면 '아이처럼 굴지 마', '아무것도 아닌 일에 호들갑이야'라는 말도 들어봤을지 모른다. 방치되거나 타인에게 짐처럼 취급받은 적도 있을 것이다. 이처럼 어린 시절 타인에게서 가치 판단을 당했던 경험은 불행히도 훗날 자기 자신을 판단하는 기준으로 작용한다.

모든 문제를 자기 탓으로만 돌릴 수도 있다. 자신이 너무 게으른 탓에 아직도 취업에 성공하지 못했다고 생각하는 식이다. 지난 2주 동안 매일 다섯 곳이 넘는 회사에 지원했음에도 말이다. 혹여 단 한 군데도 지원하지 않았다 해도 당신이 게으른 탓이라고 볼 수는 없다. 잘 생각해보면 게을러서가 아니라 다른 사람들에게 부정적으로 평가당하는 것이 두려워 구직활동을 못하는 것일 수도 있다.

자기 판단과 타인에게 평가당하는 것에 대한 두려움은 삶을 옭아매기 십상이다. 자신이 원하는 대로 삶을 살아가는 것이 아니라 안전하게, 다른 사람들 눈에 타당해보이는 삶을 살려고 노력한다. 당신에게 맞지 않는 틀 안에 맞추기 위해 노력하는 것이다. 결과가 좋을 수 없는 시나리오이다.

다음의 활동을 통해 그간 주변 사람들이 당신을 어떻게 판단했는지 생각해보고, 자신의 진짜 모습을 찾아가는 계기로 삼기 바란다.

어린 시절, 당신의 삶에서 중요한 사람들이 당신에 대해 어떤 말을 자주 했는가? '귀엽다', '영리하다', '게으르다', '운동 신경이 좋다', '어린아이처럼 군다'는 말을 들었는가? 다음 차트에 당신을 묘사하는 단어를 가능한 한 많이 적어보길 바란다. 그리고 당신이 어떤 행동을 했기 때문에 그런 말을 들었는지 자세히 기록한다. 예컨대, 학교를 가기 전 매번 울음을 터뜨려 '어린아이처럼 군다'는 말을 들었을 수도 있다. 마지막 칸에는 그런 행위를 했던 실제 이유를 적는다. 학교에 가기 전 울었던 진짜 이유는 어쩌면 수업 진도를 따라가지 못해서 혹은 다른 문제 때문이었을 수도 있다.

당신을 묘사하는 단어	어떤 행동을 했는가?	진짜 이유

기록한 내용을 살펴본다. 결함은 누구에게나 있다. 당신을 묘사한 단어 중 몇몇은 실제로 정확하다는 것을 깨닫게 될 것이다. 우선, 당시의 상황과 환경을 자세하게 떠올려본다. 당신의 행동은 당시의 상황에 크게 영향을 받았을 것이다. 당신이 그렇게 행동한 타당한 이유가 있었고, 그 이유는 당신의 성격에서 기인한 문제가 아니라 상황에서 기인했을 확률이 상당히 높다.

판단하는 습관이 일으키는 문제들

가치 판단은 감정을 관리하는 데 여러 가지 부정적인 영향을 끼친다. 의사 결정에 지장을 주고, 감정을 정확하게 인식하는 데 방해가 되며, 대인관계에도 문제를 불러일으킨다. 또, 우리가 세상을 바라보는 시야를 좁히기도 한다. 이러한 문제에 대해 좀더 자세하게 살펴보자.

판단은 의사 결정과 문제 해결 능력을 저하시킨다

예민한 사람의 경우 두뇌에서 분석 활동을 담당하는 영역이 완벽하게 활성화되어 있지 않다. 어떤 상황에서 사실관계보다 감정에 따라 행동을 하는 경우가 많다. 사실 누구나 그럴 때가 있다. 그러나 예민한 사람의 경우 이런 현상이 보다 자주 일어난다. 그리고 자의적 판단이 생겨나면 정서적 고통이 급격히 커지고 사고가 흐려진다.

예를 들어 친구에게 내일 점심을 함께하자는 문자를 보냈다고 가정해보자. 이 친구는 평소 회신을 빨리 하는 편이라 늦어지는 답장에 자꾸 핸드폰을 확인하게 된다. 10분 후 화가 나기 시작한다. '왜 연락이 없는 거지?' 친구한테 괜히 밥을 먹자고 한 것 같다는 생각에 급기야 자신이 멍정한 짓을 했다고 판단을 내린다. 시간이 점점 더 흐르자 마지막으로 친구와 대화를 나눴던 상황을 되짚으며 자신이 너무 이기적으로 굴었고, 친구에게 듣기 싫은 소리만 했던 것 같다고 자기 자신을 비난한다. 시간이 흐를수록 이제 당신은 친구가 사려 깊지 못하고, 당신을 좋아하는 척만 하는 사람이었다고 판단한다. 생각에 생각을 거듭하며 결국 상처, 분노, 두려움이란 감정에 사로잡혔다. 친구와 연락을 끊겠다는 다짐까지 한다. 이후 친구가 전화했지만 당신은 일부러 받지 않는다.

친구와 자신에 대한 판단이 정서적 고통을 일으키고 이성적 사고를 가로막았다. 친구가 어떤 연유로 바로 답장을 보낼 수 없었는지는 당신이 알 수 없다는 사실을 명심해야 한다. 배터리가 다 되었을 수도 있고, 회의가 길어졌거나 어쩌면 문자가 가지 않았을 수도 있다.

판단은 감정의 실체를 가린다

타인을 향한 판단은 주된 감정에 가면을 씌우기 때문에 감정을 다스리는 데 걸림돌이 된다. 음식점에 갔을 때 남자친구가 멋진 여성과 점심을 먹는 모습을 봤다고 상상해보자. 갑자기 화가 치민다. '저거 완전 바람둥이잖아' 하는 생각이 스친다. 남자친구에게 끝내자고 소리친 뒤 그곳을 벗어난다. 그러나 분노는 이차적 감정이다. 아마도 당신의 일차적 감정은 두려움이었을 것이다. 상처받는 것에 대한 두려움, 사랑하는 사람을 잃는 두려움, 거부당하는 두려움 말이다. '저거 완전 바람둥이잖아'라는 말로 주된 감정인 두려움을 숨긴 것이다.

하지만 이차적 감정에 집중하면 해당 상황에서 제대로 대처하기가 힘들어진다. 일차적 감정이야말로 당신이 대처해야 할 대상이기 때문이다. '내 남자친구가 멋진 여성과 점심을 먹고 있네. 나를 두고 바람을 피우는 것일까봐, 그래서 내가 상처 입게 될까봐 두려워'라고 말하는 편이 자신의 감정을 인식하고 실체를 정확히 파악하는 데 도움이 된다. 진짜 감정이 두려움이란 것을 안 이상, 섣부른 추측을 하기 전에 사실관계부터 확인하는 등, 2장에서 배운 두려움에 대처하는 전략을 취할 수 있을 것이다. 그렇게 되면 마음을 훨씬 효과적으로 통제할 수 있다.

예민한 사람들은 외로움을 느낄 때가 많다. 친구, 동료, 이웃, 심지어 모르는 사람들에게까지 판단의 잣대를 들이대 당신과 다른 점을 비판한다면 타인과 유대감을 형성할 기회를 잃고 스스로 고립될 따름이다. 외로움이 깊어질 수밖에 없다.

판단은 타인과 거리감을 형성할 구실을 만든다. 주변 친구들 가운데 지금은 좋은 관계를 유지하는 친구지만 처음 만났을 때만 해도 편견이 있었던 사람이 있을 것이다. 당시에는 그 편견 때문에 상대방을 더욱 깊이 알려고 들지 않았을 것이다.

판단은 당신 자신과 당신이 사랑하는 사람들 사이에 거리를 만들어버린다. 사람은 누구나 실수를 한다. 한 가지 실수로 사랑하는 사람을 평가한다면 관계를 망치게 된다. 배우자 앞으로 과속 과태료 고지서가 날아왔다고 생각해보자. "과태료가 많이 나올까봐 걱정이네"라고 말한다면 판단 없이 당신의 솔직한 감정을 전달하게 되는 셈이다. 그런데 "내가 힘들게 번 돈으로 과태료를 물게 하다니 생각이 없는 사람이군" 하고 말한다면 부부관계에 아무 도움이 되지 않을 것이다.

~~~~~~

필요한 정보를 모두 파악하지도 않고, 입장이 달라질 수 있다는 것도 고려하지 않은 채 상황을 판단해버린다면 감정 기복이 커질 수밖에 없다. 무엇이 좋거나 나쁘다는 식으로 극단적으로 상황을 해석하고 그에 따라 감정의 극과 극을 반복한다. 판단을 멈출 때 감정의 롤러 코스터에서 내려올 수 있다.

한 가지 예를 들자면, 아무에게도 말하지 말라고 당부했던 당신의 비밀을 여동생이 누군가에게 말한 것을 알았다. 당신은 동생을 의리도 없는 배신자라고 단정 짓는다. 동생과의 인연을 끊겠다고 결심했다. 그러나 다음 날이 되면 그렇게 극단적으로 반응한 것이 미안해진다. 물론 동생이 실수를 하긴 했지만, 동생은 당신이 이혼 후 갈 곳이 없을 때 자신의 집에 머무르게 해주었고, 당신이 힘들 때는 몇 시간이나 이야기를 들어준 존재였다. 동생이 비밀을 누설했다는 것을 알게 된 그 순간에는 동생과의 관계를 다각도로 고려하지 않은 채 눈앞에 벌어진 일에만 편협하게 집중했다.

판단하고 해석하는 태도 없애는 법

무엇이든 연습을 게을리하지 않고 꾸준히 하다 보면 실력이 는다. 우리가 사고하는 패턴 역시 조금씩 연습하다 보면 바꿀 수 있다. 자꾸 무언가를 판단하고 해석하려 들수록 편협해지고 편견에 갇힌 사고방식이 고착된다. 마찬가지로 판단하는 마음을 버리려고 노력한다면 조금씩 편견에서 벗어날 수 있다. 일상생활에서 섣불리 판단하지 않는 연습을 해야 하는 이유이다. 사소한 일에서부터 판단하고 해석하는 태도를 버리기 위해 꾸준하게 연습해야 중대한 사안 앞에서 그 힘을 발휘할 수 있다.

판단의 잣대를 버린다

우리는 곧잘 타인을, 상황을 자신의 기준으로 판단해버린다. 판단을 많이 하느냐 적게 하느냐는 문제의 핵심이 아니다. 중요한 것은, 자신이 지금 자의적으로 해석하고 있다는 사실을 자각하고, 자신의 판단이 진짜라 믿거나 판단이 감정에 영향을 주지 않도록 중심을 잡는 것이다. 자신도 모르는 사이 습관적으로 판단을 하고 있을 때도 있다. 그러한 사고 패턴을 바꾸기 위해서는 우선 자신이 판단을 하고 있다는 것부터 인식해야 한다.

판단하는 습관 버리기 연습

하루 동안 자신이 무언가를 판단하는 순간을 세어본다. 긍정적이든 부정적이든 자신의 생각과 발언에 판단이 묻어날 때가 하루에 몇 회 정도 있는지 세는 것이다. 자신은 물론 타인에 대해서도 마찬가지이다. 시간별로 알람을 설정해 경각심을 갖는 계기로 삼는다. '항상', '결코', '훨씬 좋은', '훨씬 나쁜'과 같이 판단이 드러나는 단어를 유의한다. 타인을 대상으로 '바보', '나쁜 놈'으로 지칭하는 것도 이에 포함된다.
행동을 고치고 싶다면 실제로 노력을 해야 한다. 즉, 섣불리 판단하지 않겠다는 강력한 다짐과 노력이 필요하다. 더 이상 자의적으로 해석하지 않겠다고 결심하고, 왜 그런 결심을 했는지 이유를 적어보자. 설사 악의가 없었다고 해도, 이제부터는 판단하는 것을 자제하겠다고 마음먹어야 훨씬 복잡하고 어려운 상황에 닥쳤을 때 흔들리지 않을 수 있다. 그 노력의 첫걸음으로 다음의 질문에 각각 자신만의 답을 적어보기 바란다.

1. 타인에 대한 판단이 당신의 삶에 어떤 영향을 미쳤는가? 당신을 향한 타인의 판단이 당신의 삶에 어떤 영향을 미쳤는가?

2. 자의적 판단이 도움이 되었던 경우가 있는가? 부정적인 영향을 끼쳤던 적은 언제인가?

3. 섣불리 판단하지 않는 것이 중요한 이유는 무엇이라고 생각하는가?

4. 타인에 대한 판단의 잣대를 거둘 때 대화는 어떻게 달라질 것이라 예상하는가?

5. 스스로를 판단하지 않을 때 당신의 삶이 어떻게 달라질 것이라 예상하는가?

6주든 그 이상이든, 얼마간의 시간을 정해두고 판단하는 습관 버리는 연습을 해본다. 뒤에 나올 몇 가지 전략을 활용하는 것도 좋다(이 장을 모두 읽고 연습을 시작하기 바란다). 연습 기간을 달력에 표시한 뒤 하루씩 지워나간다. 반지나 시계처럼 항상 지니고 다닐 수 있는 상징적인 물건을 보며 다짐을 되새기거나, 집이나 사무실에 포스트잇을 붙여 경각심을 일깨울 장치를 마련하는 것도 좋다. 매일 일기를 쓰거나,

파트너와 함께 매일 혹은 이틀에 한 번 대화를 나누며 경험을 공유하는 것도 도움이 된다.

6주 후, 감정을 관리하는 능력에 어떤 변화가 찾아왔는지 적어보자. 변화를 기록하면 자신이 얼마만큼 성장했는지 확인할 수 있다.

자신의 판단을 인식하게 되었으니, 이제는 흘려보내는 연습이 필요하다. 어떤 상황이나 누군가를 자신의 해석대로 판단했다는 생각이 들었을 때는 '이것은 그저 내 판단일 뿐이야'라고 스스로에게 말하고, 현실로 돌아온다. 판단을 내려놓기 위해 이 말을 몇 차례나 반복해야 할 것이다. 반응하거나 몰입하지 않고, 그저 자신의 판단을 놓아주는 연습을 계속하다 보면 판단이 감정과 행동에 영향을 미치는 일이 줄어들 것이다. 시간이 흐를수록 '이건 내 판단일 뿐이야'라고 말하고 무던하게 넘어가는 일이 수월해질 것이다.

타인과 비교하지 않는다

예민한 사람은 다양한 그룹이나 사람들을 기준으로 본인의 위치가 어디쯤 있는지에 상당히 민감하게 반응한다. 자신은 미처 몰랐겠지만, 사실 본인보다 우월하다고 여기는 타인의 일면만 선택적으로 보고 비교한 끝에 자신은 열등하다고 느끼는 경우가 잦다. 수영복을 입은 모델의 모습, 큰 성공을 거둔 CEO, 살림살이의 대가 마사 스튜어트^{Martha Stewart}를 자신과 비교하는 식이다. 또는 타인과 비교해 우월감을 느끼는 때도 있는데, 우월감 이면에는 상대방을 부정적으로 판단하는 태도가 숨어 있다는 것을 미처 깨닫지 못했을 것이다.

판단을 달리 표현한다

생각이나 화법을 조금만 바꿔도 판단에서 자유로워질 수 있다. '초콜릿 아이스크림이 바닐라보다 훨씬 낫지'라고 말하는 것은 전형적인 판단형 언행이나. 한편 '나는 바닐라보다 초콜릿 맛 아이스크림을 좋아해'라고 말하는 것은 자신의 기호를 밝히는 발언이다.

타인 혹은 자신에게 비판적인 생각이 들 때는 나도 저렇게 되고 싶다는 목표나 상대방을 향한 진심 어린 축하로 바꿔 생각한다. '쟤는 옷을 저렇게 잘 입는데, 나는 왜 이럴까'라고 말하기보다는 '패션 감각이 정말 훌륭해. 나도 배우고 싶다'라고 말하는 것이다. '본인이 잘난 줄 알겠지'보다는 '계속 승진하네. 나도 노력해야겠다'라고 말하는 것이 좋다.

다음의 문장을 편협한 판단을 배제한 문장으로 다시 써본다.

1. 나는 왜 승진을 못하는 거야? 회사에서 내가 제일 똑똑한데 말야.

→ _____

2. 캐시는 항상 잘난 남자들만 만나는데, 난 완전 루저야.

→ _____

3. 다들 데이브를 칭찬하는데…. 쟤가 대체 뭐가 그렇게 잘났다는 거야?

→ _____

4. 나는 사랑받을 자격이 없어. 나를 좋아해주는 사람은 아무도 없을 거야.

→ _____

딱히 누군가에게 해가 되지 않는 판단이라 해도 이 같은 생각은 당장 멈춰야 한다. 실제로 부정적인 태도를 갖게 하는 과정이기 때문이다. 이번에는 다음의 문장을 단순한 기호를 표현하는 문장으로 바꿔보자.

1. 이 빨간색 완전 별로인데.

→ _____

2. 내 휴대폰이 가장 좋은 기종이야.

→ _____

3. 네가 한심한 인간인 걸 모르는 사람이 없어. 혼자 보면 봤지, 내가 너랑 영화를
보러 가는 일은 절대 없을 거야.

→ _____

4. 그 자동차는 진짜 역대급이야.

→ _____

결과와 감정

어떤 행위로 인해 부정적인 결과가 예측될 때 우리는 가치 판단을
내린다. 하지만 '좋다', '나쁘다'가 아니라, 사실 그대로의 결과만 짚
어서 설명할 때 자신의 의미를 더욱 명확하게 전달할 수 있다.

어떤 행동이나 그 결과로 인해 내면에 강렬한 감정이 일어난다면
이를 분명하게 표현하는 것이 좋다(리네한, 1993). '진짜 나쁜 놈이야'
라고 말하는 것보다 '여자친구 폭행으로 구속된 남자인데, 저 여자가
남자와 재결합해서 진짜 위험한 일이 생기는 건 아닌지 너무 걱정돼'
라고 말하는 것이다.

판단을 버리고 감정을 표현하는 법

다음의 문장을 사건의 결과와 그에 따른 감정은 포함하되 판단하는 태도를 버린 문장으로 새롭게 고쳐보기 바란다.

1. (연체료를 물어야 하는 상황이다.) 나 정말 멍청하네. 어쩜 이렇게 맨날 덤벙거릴 수가 있지. 어떻게 항상 같은 실수를 반복하냐고.

2. (상사가 보고서의 오타를 수정해주었다.) 항상 트집 잡을 생각뿐이네. 나한테만 저런다니까. 내가 싫어서 하루빨리 회사에서 내보내고 싶은 게 분명해.

3. (친구와 점심을 함께하기로 한 약속을 취소하고 싶다. 예전에도 이런 적이 있어 친구가 화가 많이 난 상태이다.) 나는 왜 이럴까. 맨날 말썽만 일으켜.

4. (과제를 제대로 이해하지 못한 탓에 점수가 나쁘게 나왔다.) 정말 선생으로서 최악이야. 저런 사람이 어떻게 선생이 됐는지 도무지 모르겠어.

5. (친구 차를 긁었다.) 난 쓸모없는 인간이야. 제대로 하는 일이 없어.

6. (휴가 전날 조금 일찍 퇴근하겠다는 요청을 상사가 묵살했다.) 내가 얼마나 싫으면…. 죽어도 내가 원하는 대로는 해주지 않는 인간 같으니라고.

7. (사랑하는 사람이 헤어지자고 했다.) 난 혼자 늙어 죽을 거야.

나름의 이유가 있을 거라고 생각한다

예민한 사람은 다소 의심이 많고, 아무런 위험이 없는 상황도 위협으로 느끼곤 한다. 이 때문에 감정의 폭풍을 경험할 때가 많다. 가령, 파티에 간 당신에게 친한 친구가 말을 걸지 않는다. 어제 있었던 일 때문에 기분이 상해 친구가 당신을 싫어하게 되었다고 추측한다. 당신에 대해 사람들에게 떠벌리고 다니는 것이 확실하다고 생각한다. 그러나 사실 친구는 딸이 파혼한 것 때문에 심란하고 당신에게 털어놓을 준비가 되어 있지 않아 잠시 대화를 피한 것뿐이다.

자신의 부정적인 추측을 뒷받침할 만한 증거가 없다면, '친구가 왜 그러는지 잘 모르겠네'라고 생각을 고치는 것이 좋다. 그럴 만한 사정이 있을 것이고, 그녀가 처한 상황에서는 가장 친한 친구로서 나름의 최선을 다하고 있는 것이라고 생각해야 한다.

· · ·

좋은 쪽으로 생각한다

당신이 상대방에게 선의가 있다고 가정할 때와 악의를 품고 있다고 가정할 때 상대방의 행동을 해석하는 당신의 관점 역시 달라진다. 앞으로 일주일간, 주변 사람들이 좋은 의도를 갖고 있다고 무조건 믿는 연습을 해보자. 사랑하는 사람들의 행동이 마음에 들지 않는다 해도 선의로 해석하고 그에 맞게 반응한다. 사소한 언짢음이나 내면의 두려움으로 상대방의 행동을 오해하지 말고, 이들이 당신에게 중요한 존재라는 사실을 항상 기억해야 한다. 상대방에게 선의가 있다고 생각할 때, 사람들과의 관계가 더욱 굳건해지고, 마음이 괴로운 일도 한결 줄어든다.

연민의 마음 갖기

누군가 대학을 몇 번이나 그만두었다는 이야기를 들으면, 책임감이 없거나 제멋대로라는 생각이 들 것이다. 학교를 중퇴했다는 것 하나로 타인을 판단한 것이다. 하지만 연민의 마음이라면 어떤 이유에서든 학업을 중단할 수밖에 없던 그의 상황에 안타까움을 느낄 것이다. 자기 자신은 물론 타인에게 너그러운 마음을 가질 때 판단하는 태도를 버릴 수 있다.

타인과 자기 자신에 대한 판단을 하루아침에 버리기는 어렵다. 먼저 삶을 변화시키기 위해 할 수 있는 최선을 다하는 자기 자신에게 자비로운 마음을 가져야 한다. '나는 가망이 없는 인간'이라고 말하기보다 '변화에는 시간이 필요해. 마음을 다잡고 목표를 달성하기 위해선 인내심을 가져야 해'라고 스스로에게 말해주어야 한다.

자기 처벌은 좋은 동기가 될 수 없다

자기 자신을 처벌하지 않는다면 목표를 이루거나 변화를 가져올 수 없다고 믿을 수도 있다. 자신을 정서적으로 학대하는 것만이 목표를 달성할 유일한 방법이라고 생각할 수도 있다. 가령, 스스로를 '뚱보'라고 부르지 않는다면 살을 뺄 수 없다고 생각하는 식이다.

하지만 부정적인 판단, 특히나 부정적인 자기 판단은 의욕을 저하시키고 목표를 달성하는 데 걸림돌이 된다. 스포츠 게임에서 "화이팅!"이라고 크게 외치는 데는 이유가 있다. 사람들이 "됐다, 이 패배자들아!" 하고 야유한다고 생각해보라. 이런 야유는 선수들이 승리하기 위해 최선을 다하는 데 하등 도움이 되지 않는다.

그럼에도 자기 자신에게 비판적인 생각이 들 때는 그저 그 생각을 오롯이 인식한다. 그러고 난 뒤 '쓸모없는 생각' 혹은 '생각'이라고 이름을 붙인다. 스스로에게 힘이 되는 말이 무엇일지 생각해보고, 자기 자신에게 너그러운 마음을 갖는다. 현재 자신과 똑같은 상황에 처한 친구라면 어떤 말을 들려줄지 상상한다. 자기 자신을 사랑하고 수용할 때 원하는 변화를 이끌어낼 수 있다.

나와 타인에게 너그러워질 것

우리는 타인의 행동을 통제할 수 없다. 따라서 타인의 평가로부터 자신의 감정과 생각이 흔들리지 않는 법을 배우는 것이 현명하다. 슬픔, 상처, 수치심의 감정에 대처하는 방법을 다양하게 익혀야 한다. 마음챙김을 통해 잠시 멈추는 여유를 얻고, 타인의 평가에 곧장 반응하지 않는 법을 깨우칠 수 있다. 필요하다면 잠시 휴식을 취하는 것도 좋다. 2장에 소개된 다양한 전략들을 활용해 감정을 다스리는 연습을 한다. 가능하다면, 명료한 의식으로 생각할 수 있게 될 때까지는 타인의 언행에 반응하는 것을 미루는 것이 가장 좋다(리네한, 1993).

이번 장에서 다룬 전략을 사용하는 것도 좋은 방법이다. 타인의 평가에 좌우되기보다는, 그저 판단일 뿐이라고 이름을 붙이고 그 판단을 흘려보낸다. 누군가 당신을 대상으로 어떤 말을 했다면, 거기서 타인의 판단을 지우고 말을 새롭게 고쳐 받아들인다. 말 속에 담긴 사실에만 집중한다. 타인의 의견에서 배울 것이 있다면 그것만 취한다. 자기 자신과 타인을 향해 연민을 베푼다.

✳ 정리 ✳

예민한 사람은 자기 자신과 타인, 그리고 세상을 판단하려는 성향이 짙다. 일상생활에서 감정에 지배당하지 않기 위해서는 판단하는 태도를 버리는 것이 가장 중요하다. 자의적 판단과 편협한 시각을 지우고 상황과 결과에 대해서만 객관적이고도 정확하게 표현하는 연습을 해야 한다. 타인에게 너그러운 마음을 갖고, 이들이 악의가 아닌 선의를 바탕으로 행동하고 있다고 믿어야 한다. 힘들겠지만, 계속 연습하다 보면 안정된 삶, 건강한 자아상, 굳건한 인간관계로 충분한 보상을 받게 될 것이다.

7장

감정에 휘말리지 않고
현명한 선택을 하는 법

예민한 사람들의 경우 결정을 해야 하는 상황에 압도당하는 경우가 많다. 가장 맑은 의식으로 상황을 바라봐야 할 때 오히려 감정에 휘말리고 만다. 그래서 회의에 무슨 옷을 입고 참석해야 할지, 친구와 어디서 저녁을 먹어야 하는지와 같이 일상생활 속 사소한 선택마저도 상당히 어려운 일처럼 느껴질 수 있다.

　사실관계를 고려하고, 자신이 무엇을 원하는지 인식하고, 가능한 결과를 예측하고, 필요할 때는 절충할 수 있는 유연성을 갖춰야 좋은 선택을 할 수 있다. 그러나 감정에만 사로잡히게 되면 이 일련의 과정이 복잡하고 까다롭게만 느껴진다.

예민한 사람들이 알아야 할 의사 결정 방식

감정이 의사 결정 과정에 지장을 주는 경우가 많다. 너무 큰 불안을 느끼거나 감정에 압도되면 자신에게 주어진 선택지를 꼼꼼하게 분석하기가 어렵다. 실패에 대한 두려움이 크거나, 다른 사람들의 반응을 너무 신경 쓴 나머지 좀처럼 선택을 내리지 못할 때도 있다. 혹은 지금 당장 자신이 바라는 것에만 너무 집중한 나머지 이것을 선택했을 때 발생할 장기적 결과에 대해선 충분히 고려하지 못하는 경우도 있다. 혹은 의사 결정에 따른 책임을 제대로 이해하지 못하고, 의사 결정 과정에서 해결해야 하는 문제를 지나치게 과소평가하거나 과대평가하기도 한다. 그래서 무언가를 선택하기에 앞서 의욕이 꺾이거나, 자신이 선택한 해결책이 제대로 발휘되기도 전에 지레 포기하고 만다.

예민한 사람들은 의사 결정 과정에서 감정적 딜레마를 겪을 때가 많다. 자신의 문제 접근 방식과 의사 결정 스타일을 알아볼 수 있는 질문지를 준비했다. 본인의 의사 결정 성향을 파악해야 자신이 무엇을 어려워하는지도 제대로 자각할 수 있다.

의사 결정 과정에서 생기는 감정적 딜레마

현재 자신에게 해당하는 문장 옆에 체크 표시를 한다. 자신에게 별로 해당되지 않는 이야기라면 공란으로 둔다.

_____ 1. 결정을 내려야 하는 문제가 있지만 몇 날 며칠 모른 척 지내곤 한다. 독서, 운동, 음악 감상, 청소 등 다양한 일을 하며 해당 문제를 머릿속에서 지운다.

_____ 2. 의사 결정을 내려야 할 때는 보통 나보다 현명한 선택을 내리는 사람들과 대화를 나눈다.

_____ 3. 각각의 선택에 따른 결과를 예상하고 분석하는 것이 힘들다. 좋은 결과를 내지 못할 때가 많았지만 그래도 내가 원하는 것을 고르는 편이다.

_____ 4. 무언가를 선택해야 하는 상황이 오면 너무 불안한 나머지 아무 생각도 할 수가 없다. 이 불안감을 떨치기 위해 일단 어느 쪽이든 결정하고 본다.

_____ 5. 다양한 선택지를 깊이 고민하고 분석하느라 꼼짝도 하지 못한다. 내가 잘못 판단했을 것 같고, 잘못된 선택을 할 것 같다는 생각을 지울 수 없다.

_____ 6. 선택을 내려야 하는 상황이 오면 우울해진다. 그래서 아예 선택 자체를 포기할 때가 많다.

_____ 7. 각각의 선택지를 철두철미하게 조사한다. 그러다 보니 너무 많은 정보에 압도당할 때가 있다.

_____ 8. 내 선택에 대한 장단점을 따져보느라 결정해야 할 시기를 놓치고 만다.

_____ 9. 무엇을 해야 할지도 모르겠고 이것저것 생각해볼 여력도 없어 선택을 계속 미루다 결국 내가 선택하지 않아도 되는 상황을 만든다.

_____ 10. 어느 쪽이든 별로 상관이 없기 때문에 선택을 하지 않는 편이다.

_____ 11. 중대한 사안임에도 다른 사람들의 의견에 따라 정작 내게는 맞지 않는 선택을 할 때가 많다.

_____ 12. 다른 사람들이 결정하면 나는 주로 따라가는 쪽이다.

_____ 13. 중대한 결정을 할 때, 현명한 판단이 아닐지라도 그 순간 내가 원하는 것을 선택한다.

_____ 14. 의사 결정을 미루지 않는다. 일단 결정하고 불도저처럼 밀어붙인다.

_____ 15. 의사 결정을 하는 것이 두렵다. 그래서 아무거나 고르고 내 선택이 옳았길 바란다.

_____ 16. 선택해야 할 문제가 있다는 사실을 떠올리게 하는 모든 것을 외면하고 피한다.

_____ 17. 최선의 선택을 내리는 것이 가장 중요하기 때문에 가능한 한 많은 정보를 입수하고자 한다.

_____ 18. 별로 고민하지 않고 괜찮아보이는 선택지를 바로 선택하지만 결과적으

로는 그다지 현명한 선택이 아닌 경우가 많았다.

_____ 19. 나 자신이 원하는 것을 외면하기가 어렵다.

_____ 20. 지금 당장 원하는 것이 있더라도 조금 기다리는 것이 현명하다는 것을 알면서도 도무지 기다릴 수가 없다.

_____ 21. 다른 사람에게 거절의 말을 전하는 것이 어렵다.

_____ 22. 무언가를 선택하는 일 앞에서 늘 작아지고 만다. 무엇을 선택해도 늘 바라던 결과가 나오지 않았다.

_____ 23. 그저 운에 맡기는 편이다.

_____ 24. 선택이나 문제 상황을 최대한 모르는 척한다.

_____ 25. 선택이나 문제 상황에 맞닥뜨리면 꼼짝할 수 없을 때가 많다.

점수 계산: 다음의 각 문항에 체크한 개수를 합해서 숫자로 적는다. 3개 이상 체크된 유형이 본인의 의사 결정 스타일일 확률이 높다. 각각의 유형에 대한 설명도 참고하기 바란다.

4, 14, 15, 18: _____ (충동적 접근)

5, 7, 8, 17: _____ (과잉분석적 접근)

1, 16, 23, 24, 25: _____ (수동적 접근)

2, 11, 12, 21: _____ (의존적 접근)

3, 13, 19, 20: _____ (자의적 접근)

6, 9, 10, 22: _____ (패배주의적 접근)

▸ 충동적 접근

문제 해결과 의사 결정에 따른 불안이 무척 큰 편이라 맑은 정신으로 판단하기가 어렵고, 가능한 한 빨리 선택 상황에서 벗어나고 싶어 한다. 충분히 생각하거나 고려하지 않는 편이다. 결과가 어떻든 상관없다고 말하기도 한다. 그 결과 자신이 바라지 않는 결과가 도출될 때가 많아 자기 회의가 깊어지기 때문에 결정을 내리는 것이 점점 더 두려워진다.

▸ 과잉분석적 접근

의사 결정에 대한 불안감과 정서적 반응이 높다는 공통점이 있지만, 생각하지 않고 행동하는 충동적 접근과는 완전히 반대되는 성향이다. 가능한 선택지를 모두 꼼꼼하게 분석한 뒤 계속 검토한다. 자신이 가장 선호하는 선택지가 무엇인지 알지만 완벽한 선택이 아닐까봐 두려워 결정을 미룬다. 끝없이 '혹시나'의 늪에 빠진다. 각각의 선택지가 지닌 단점에 지나치게 몰입한 나머지, 그 어떤 선택도 내리지 못하고, 결국 자신이 직접 결정하지 않아도 되는 상황을 만든다. 예를 들어, 수강 신청 기한을 넘겨 자신이 직접 강의를 선택할 수 없게 만드는 식이다.

▸ 수동적 접근

결정해야 할 문제가 있다는 것을 인식조차 하지 않는다. 외면하거나 아예 생각도 하지 않는다. 두려운 문제나 결정을 계속해서 미룬다. 불안감을 느끼는 것이 싫어서 다른 누군가에게 대신 의사 결정을 맡기지만 막상 타인이 내려준 결정도 따르지 않을 때가 많다. 아무런 결정도 내리지 않거나, 더 이상 피할 수 없을 때까지 미루다 결정을 내린다.

▸ 의존적 접근

다른 사람들의 생각이나 행동을 지나치게 신경 쓴다. 사람들에게 의견을 구하고, 그들이 왜 그런 선택을 했는지 설명을 듣고 나면 그 말이 맞는 것 같아 따른다. 사람들마다 의견이 다를 때는 자신도 생각이 달라지고 가장 마지막에 들은 의견이 가장 좋은 것 같다고 판단하기도 한다. 결과가 좋지 않을 때는 당신에게 의견을 주었던 사람의 탓으로 돌린다. 또한 최선이라 생각하는 선택지를 고르는 것이 아니라 다른 사람과의 갈등을 피할 수 있는 선택을 내릴 때가 많다.

▶ 자의적 접근

사실관계를 따지거나 이성적으로 판단하는 것이 아니라 자신의 욕구에 따른 선택을 한다. 선택지에 따른 장단점을 분석하지 않는다. 어떤 상황이 닥쳐도 자신이 바라는 결과가 나올 거라고 믿는다. 마음이 가는 대로 내린 선택이 가장 이상적인 선택이라는 믿음에 빠진다.

▶ 패배주의적 접근

의사 결정을 내려야 하는 상황이 생길 때면 곧장 의욕이 사라지고 가장 나쁜 시나리오를 상상한다. 좌절감은 이내 슬픔으로 바뀐다. '나 포기할래'라는 말을 자주 쓴다. 자신에게 문제가 있고, 제대로 풀리는 일이 없다고 자책할 때가 있다.

자신의 의사 결정 스타일을 안다면(한 가지 이상일 수 있다), 선택을 내려야 할 때 본인이 어떤 행동을 하게 될지 예측할 수 있다. 결과지를 보고, 더 나은 선택을 하려면 어떤 점을 개선해야 할지 생각해보는 계기로 삼으면 좋을 것이다. 자신의 성향을 유념하며 이제부터 나올 내용을 읽어주기 바란다.

의사 결정의 여섯 가지 유형

무언가를 선택해야 하는 상황을 당연하게 받아들인다고 생각하겠지만, 사실 안다는 것과 수용한다는 것은 별개이다. 자신이 해결해야 할 문제를 과장해 표현하거나, 왜 이런 문제가 생겼냐며 불평을 늘어놓고 다른 누군가를 비난한다면 문제가 있다는 사실을 받아들였다고 볼 수 없다. 문제를 수용한다는 것은 이것이 삶의 일부분임을 인정하고 받아들이는 것이다.

우리는 누구나 살아가면서 해결해야 하는 문제를 만나고, 또 힘겨운 선택을 내려야 하는 순간을 맞닥뜨리곤 한다. '왜 하필 이런 일이 생긴 거야' 혹은 '난 못하겠어' 식의 태도는 문제를 인정하고 앞으로 나아가는 데 방해만 된다. 무언가를 선택해야만 한다는 억울함, 슬픔, 분노, 두려움을 강렬하게 느끼게 되면 더 이상 합리적인 사고는 불가능하다. 이런 생각과 감정이 들 때면, 그 사실 자체를 인정하고 받아들인 뒤 자신의 의식을 다시 현재 상황과 선택지에 집중시키도록 노력한다. 잠시 상황에서 벗어나고 싶을 때는 그래도 되지만, 말 그대로 잠시만이다. 일자리를 잃게 되거나 사회적 기회를 놓치게 되는 등 부정적인 결과가 발생하는 것을 막으려면 자신에게 어느 정도의 시간이 있는지를 가늠해보는 것이 현명하다. 그 상황 자체에서 잠시 떨어져 있는 시간을 감정을 다스리는 시간으로 활용해야 이후 더욱 침착하고 균형 잡힌 선택을 내릴 수 있다.

자신의 의사 결정 성향이 '충동적 접근'에 가깝다면 마음챙김(4장 참고)을 통해 무작정 행동하려는 마음에 제동을 거는 연습을 해야 한다. 감정에서 한 걸음 물러나 관찰하고, 감정적으로 행동하고 싶은 욕구가 있다는 것을 인식해야 한다는 뜻이다. 그리고 가능하다면, 당장 결정하고 싶은 충동이 강력하게 일어도 얼마간의 시간이 지난 후에 선택을 내리도록 연습한다. 기다림을 통해 깊이 고민하는 여유를 얻고, 의사 결정에 따른 불편한 감정을 견디는 연습을 하는 것이다.

마음챙김은 '의존적 접근' 성향을 가진 사람에게도 큰 도움이 된다. 내적 경험을 아무런 판단이나 해석 없이 있는 그대로 인식할 때 타인이 어떻게 생각하는지가 아니라 본인이 무엇을 원하는지 깨달을 수 있다. 뒤에 8장에서 더 자세히 다루겠지만, 의존적 접근 유형이라면 자신의 정체성을 분명히 깨닫는 것 역시 의사 결정에 도움이 된다. 자신의 가치와 목표를 안다면 일상생활 속에서 다양하게 마주하는 선택을 한결 쉽게 내릴 수 있기 때문이다. 또한 의존적 접근 성향의 사람은 자신의 문제를 여러 사람과 상의할 때 가급적 다른 의견을 지닌 사람들에게 조언을 구하면 더욱 좋다. 다양한 의견을 수렴하고 각각에 따른 장점과 단점을 정리한 후에 당신이 생각하기에 가장 좋은 결정을 내린다.

'수동적 접근'을 취하는 사람이라면 2장에 소개된 감정 관리법이 유용할 것이다. 의사 결정을 해야 할 때 기한을 정해놓는 편이 좋다. 자기 자신을 압박하는 것 같아 힘들겠지만 이는 효과가 좋은 전략이다. 저녁식사 장소를 정하는 등 일상적이고도 그다지 중요하지 않은 문제를 결정할 때는 5분 내외로 시간을 제한한다. 새로운 일자리를 수락하는 등 인생에서 보다 중요한 무게를 지닌 문제라면 하루이틀 정도로, 물론 해당 제안에 답변을 해줘야 하는 정해진 기간 안에서, 자신만의 데드라인을 정한다.

만약 당신이 '자의적 접근' 유형에 속한다면 과거 자신의 욕구에 따라 결정을 내렸던 때를 적어보는 것이 도움이 될 것이다. 원하는 대로 결정을 내리고 싶을 때면 앞서 적었던 글을 읽으며 과거 있었던 일을 되새긴다. 또한 선택지에 따른 장점과 단점을 생각해보는 시간을 갖는 것도 좋다. 이때는 장점과 단점에 따른 각각의 선택지를 '객관적으로' 바라보는 것이 중요하다. 각각의 선택지가 어떤 결과를 불러올지 충분히 고려하는 것이다. 현명하지도 효율적이지도 않은 선택지를 고르고 싶은 마음이 든다면 왜 그쪽으로 마음이 기우는지 생각해본다. 그 선택으로 당신이 얻는 것은 무엇인가? 당신에게 의미 있는 결과를 가져올 다른 방법은 정말 없을까? 꼭 한 가지 방식이 아니더라도, 원하는 것을 실현시킬 다른 방법을 찾을 수 있다는 것도 기억해두자.

'과잉분석형'이라면 의사 결정 기한을 정해놓는 것이 가장 중요하다. 자신이 설정한 기한 내에 결정을 마무리한 경우에는 자기 자신에게 어떤 보상을 할 것인지 미리 생각해두는 것도 좋다. 물론 결정을 하지 못할 때 어떠한 부정적인 결과가 닥쳐올 것인지에 대해서도 미리 생각해둬야 할 것이다. 최종 선택을 한 후에는 이완과 전환 요법(2장 참고)을 활용해 완벽한 선택이 아니었을까봐 두렵고 불안한 마음을 다스린다.

'패배주의적 접근'에 속하는 사람은 보통 자신에게 결함이 있거나, 무엇 하나 제대로 할 능력이 없다고 믿기 때문에 선택을 내리지 못한다. 그렇다면 판단하는 마음 버리는 연습을 통해(6장 참고) 효율적인 의사 결정을 내리는 데만 집중하도록 노력한다. 자신이 의사 결정에 필요한 과정들을 하나씩 성공적으로 밟아나가는 모습을 시뮬레이션

하고 시각화하는 것도 도움이 된다.

이제부터는 의사 결정을 전략적으로 할 수 있는 구체적인 훈련을 소개할 것이다. 의사 결정을 해야 할 때마다 이 훈련법을 상기하면 분명 도움이 될 것이다.

의사 결정 과정에서 감정을 분리한다

예민한 사람은 정서적 고통을 수반하는 의사 결정을 어려워하기 마련이다. 감정에 압도당한 나머지 머리로는 무엇이 현명한 선택인지 알면서도 막상 실천하지 못한다. 생활비가 바닥난 상황에 처해 있다고 가정해보자. 이 문제의 가장 좋은 해결책은 일자리를 구하는 것이다. 그래서 일자리를 알아보려고 하지만 이런 생각이 든다. '일을 하고 싶지만 날 원하는 곳이 없을까봐 걱정이야.' 이 말은 문제에 대한 해결책(구직 활동)과 감정적 딜레마(불합격할 때 느낄 실망감과 수치심에 대한 두려움)를 모두 내포하고 있다. 이런 식으로 상황에 접근한다면 아무것도 할 수가 없다. 정서적 결과를 두려워한 나머지 필요한 조치를 취할 수 없게 되기 때문이다. 특히나 패배주의적 성향의 회피자는 이런 유의 정서적 갈등을 유독 힘들어하고, 자신이 해결할 수 있는 문제는 아무것도 없다고 생각하여 지레 포기하고 만다.

어려운 결정을 내려야 할 때면 자기 자신에게 이런 질문을 던져보자. '어떤 문제를 해결해야 하는가? 가장 중요한 목표는 무엇이고, 이 목표를 달성하는 과정에서 나를 힘들게 할 감정은 무엇인가?' 이처럼 문제의 해결책과 정서적 걸림돌을 분리해야 상황을 더욱 명확하게 볼 수 있다.

한 여성이 남자친구를 더 이상 사랑하지 않게 된 상황이다. 그녀는 이제 다른 사람을 만나고 싶다. '그가 내게 화를 내지 않았으면 좋겠는데, 나는 다른 사람을 만나고 싶어'라는 말은 문제를 정의하는 것이 아니다. 본인의 바람과 감정적 딜레마를 함께 기술한 것이다. 위의 상황에서는 두 가지를 모두 가질 수 없기 때문에 문제를 해결한 방법이 없어 보인다. 하지만 감정적 딜레마를 제외시킨다면 해결책은 분명해지고, 이 해결책을 실행하는 데 따르는 정서적 어려움도 명확하게 드러난다. 예시 속 여성의 바람은 다른 남자를 만나는 것이다. 감정적 딜레마는 남자친구가 화를 내지 않았으면 좋겠다는 것이다. 따라서 여기서는 남자친구의 분노를 표출하는 상황에 잘 대처할 수 있도록 자신의 감정을 다스리는 것이 핵심이다. 대부분의 해결책이나 선택에는 정서적 결과가 따르는데, 이때 발생할 감정을 미리 예측하고, 다스리겠다는 의지를 가져야 현명한 의사 결정을 할 수 있다.

선택에 따른 정서적 결과를 수용하는 것이 의사 결정과 문제 해결의 과정이다. 무언가를 선택한 뒤 결과에 분노한다면 불행의 늪에서 빠져나올 수 없다. 때로는 원치 않은 결과를 감수해야 한다는 것을 깨달아야 한다.

정서적 결과를 예측한다

다음 차트에 현재 고민 중인 선택지를 적는다. 그리고 그 아래에 각각의 선택에 따른 긍정적, 부정적 결과를 적는다. 회사를 그만둬야 할지 고민 중이라면 즉각적인 감정적 결과는 마음의 평안일 것이다. 장기적인 결과는 후회나 슬픔이 될 것이다. 이 같은 감정적 결과를 예측해보면서 퇴사라는 선택이 회피인지, 정서적 정보를 효율적으로 활용하여 내린 결정인지 적는다. 지금 하고 있는 일이 싫어서가 아니라, 회사에서 실수를 저질러 퇴사를 고민하는 것이라면 이는 회피의 행위이다. 도망치는 것인지, 직접 선택하는 것인지는 누구보다 본인이 잘 안다. 상황을 회피할 때는 껄끄러운 감정이나 불안감, 혹은 궁지에 몰린 듯한 기분을 느낀다. 반면, 정서적 정보를 효율적으로 활용한 경우라면 당신이 느끼게 될 감정은 슬픔, 기쁨, 결정에 따른 감정적 고통이 될 것이다.

선택에 따른 결과를 적어보기에 앞서 자신의 의사 결정 유형에 해당하는 다음의 내용을 명심하기 바란다.

- **과잉분석형 접근**: '만약'이라는 가정에서 벗어나라. 자신이 알고 있는 사실에만 집중한다.
- **패배주의적 접근**: 끔찍한 상황에 처했다는 생각이 들겠지만, 그건 그저 자신의 생각임을 인지하고, 앞으로 계속 해야 할 일을 해나간다. 도중에 포기해선 안 된다. 자신이 결심한 선택을 실행에 옮겨야 한다.
- **충동적 접근**: 차트를 천천히 신중하게 작성하기 바란다. 불안감을 다스려야 충동적으로 행동하지 않을 수 있다.
- **의존적 접근**: 다른 사람들의 생각이나 의견, '옳은' 정답이 무엇일지 신경 쓰지 말고 당신의 생각대로 적는다. (타인의 의견은 이후에, 자신의 생각을 분명하게 깨닫고 난 후에 듣는 것이 좋다.)
- **수동적 접근**: 데드라인을 정하고, 결정한 것을 실천에 옮기도록 자기 자신을 몰아붙인다.
- **자의적 접근**: 각각의 선택지를 꼼꼼하고 세심하게 따져본다. 연습 삼아 객관적 사실에만 입각한 선택지를 골라 어떤 결과가 나올지 구체적으로 상상한다.

고민 중인 선택지

즉각적인 결과

- 긍정적:

- 부정적:

장기적인 결과

• 긍정적:

_____

• 부정적:

_____

당신의 선택은 회피에 의한 것인가, 현명하고 효율적인 것인가?

_____

▶ **예시**

• 고민 중인 선택지: 대학을 다시 다니며 학위를 취득하고 싶다.
• 즉각적인 결과
  – 긍정적: 동기들과 어울리며 즐거운 시간을 보낼 수 있다. 나 스스로도 자랑스럽고 부모님께서도 좋아하실 것이다.
  – 부정적: 공부를 열심히 해야 하고, 낙제에 대한 불안감에도 시달릴 것이다. 학비 때문에 사정이 안 좋아질 것이고, 원하는 옷을 사거나 예전처럼 자주 놀 수도 없다.
• 장기적인 결과
  – 긍정적: 내가 바라던 직업을 얻어 높은 소득을 얻을 것이다. 많은 것을 달성하고 다른 사람들에게 도움도 줄 수 있다.
  – 부정적: 세금을 더 많이 내야 하고, 많이 바빠질 것이다.
• 당신의 선택은 회피성인가, 효율적인가?
  내가 진짜 원하는 것은 학교로 돌아가는 것이기 때문에 학교에 가지 않겠다는 선택이야말로 회피성일 것이다. 낙제에 대한 두려움을 회피하고 싶고, 학교를 다니며 궁핍한 생활을 해야 하는 것도 피하고 싶은 마음이니까. 장기적으로 내가 원하는 것을 얻기 위해서는 학교를 다닐 동안 단기적으로 느낄 어려움에 어떻게 대처해야 할 것인지 계획을 세워야 한다.

기록한 내용을 다시 살펴본다. 장기적으로 봤을 때 자신이 원하는 것을 성취할 수 없는 선택에 대해서는 당장의 정서적 어려움에 대처할 수 있는 계획을 세워야 한다. 앞선 예시의 상황처럼 회사에서 실수를 한 경우, 친구와 대화하며 조언을 구하거나, 그간 회사에서 자신이 성취한 것들을 떠올려보며 자기 자신을 비난하는 마음을 버리고 마음의 안정을 얻도록 해본다(2장 참고). 잠시 후 다루게 될 실패에 대한 내용도 주의 깊게 살펴보기 바란다. 잘못을 저질렀을 때는 그에 대한 책임을 지고 실수를 만회할 방법을 찾거나, 자신이 앞으로 어떻게 달라질 것인지 계획을 세운다.

이분법적 사고의 문제점

예민한 사람들은 대학에 다시 입학하거나 하지 않거나 하는 식으로 자신의 선택지를 극단적으로 좁히는 경향이 있다. 이럴 때는 양자택일의 문제라고 생각하기에 앞서 정말로 다른 해결책은 없는지 고민하는 과정이 필요하다. 앞서 나온 대학에 관한 예시를 들자면 일을 하면서 대학을 다시 다니거나 직업 경로를 전환하는 것도 고려해볼 수 있다. 혹은 학교를 군이 다시 다니진 않더라도, 여행을 통해 견문을 넓히거나 관심 있는 업계에서 인턴 생활을 해보는 방법도 있다. 고민을 둘러싼 불안감이 너무 크면 문제를 해결할 수 있는 능력도 제한되고, 열린 마음으로 유연하게 사고하는 능력도 마비된다. 고민 중인 두 가지 선택지 외에도 만족스러울 만한 다른 대안은 없을지 스스로에게 묻는 연습을 해야 한다(히스[Heath]와 히스[Heath], 2013).

이분법적 사고는 문제 해결 과정에서 분석 능력을 저해한다. '옳고' '그른' 관점에서만 판단하면 어떠한 해결책이든 부족한 점이 먼저 보이기 마련이다. 자신이 떠올린 해결책의 긍정적, 부정적 결과를 면밀히 살피면서 자신의 문제 해결 능력을 조금씩 높여나갈 필요가 있다.

선택지를 확장한다

다음의 차트에 자신이 현재 마주한 문제를 기록한다. 그리고 고민 중인 선택지도 적는다. 그 후, 이미 적은 선택지 외에 다른 대안은 없을지 생각해본다. 예를 들어, 친구들과 영화를 보러 갈지 고민 중인 상황이라고 가정해보자. 운동을 하러 가거나, 부모님 댁을 방문하거나, 세금 정산을 마무리하는 등 영화 관람 외에 그 시간에 할 수 있는 대안을 생각해본다. '시간이 너무 오래 걸려' 또는 '나 혼자서는 할 수 없는 일이야'처럼 비관적인 생각이 떠오른다면, 그 생각을 그저 인식하고 흘러가게 두자. 굳이 대안에서 제외시킬 필요는 없다. 이후 조금 더 신중하게 분석하고 그때 다시 판단하면 된다.

문제	양자택일 선택지	대안

작성을 마친 후, 두 번째와 세 번째 칸의 선택지를 다시 검토한다. 마음이 내키지 않는 선택지에는 취소선을 긋되, 두려워서 혹은 자신이 없어서 선택지를 제외시키는 것은 안 된다. 자신의 선호에 따라 선택지 옆에 우선순위를 표시한다. 각각의 장점과 단점을 적는다. 이때 중요한 것은 사실관계만 따져야 한다는 점이다. 이런 과정을 통해 자신이 가질 수 있는 선택지에 대해 유연하게 생각해보는 법을 배우게 될 것이다.

한 번에 하나씩 실행하기

예민한 사람들의 경우 너무 큰 그림에만 집중한 나머지 한 발짝도 나아가지 못할 때가 많다. 예컨대, 신입생이 앞으로 몇 년 동안 의대에서 소화하게 될 학업량을 떠올리며 자신이 진짜 끝까지 해낼 수 있을지 걱정하는 식이다. 일곱 살 아이가《모비 딕Moby Dick》을 읽을 걱정을 하는 것과 마찬가지이다. 철자를 하나씩 배우듯 한 번에 하나씩 착실하게 나아가면 아무리 커다란 문제라도 결국 해결할 수 있고, 목표도 달성할 수 있다.

모든 일에는 단계가 있다

일기장이나 노트에 자신이 갖고 있는 문제에 대한 해결책을 적는다. 그런 뒤 해결책을 실행하는 과정을 단계별로 나눈다. 그 단계를 가능한 한 세분화하는 것이 좋다. 그리고 첫 번째 실행 단계부터 하나씩 실천해나간다. 상황에 따라 이후 계획을 수정해야 할 수도 있다. 그렇다고 해서 당신의 해결책에 문제가 있다는 것은 아니다. 어떤 일이든 진행 과정에서 계획을 변경하는 경우가 생기게 마련이다.

예민한 사람은 목표를 달성하는 과정에서 스트레스를 피하고 싶어 하거나 거쳐야 할 단계를 생략하고 싶어 할 때가 있다. 의사 결정에 있어 충동적 접근 성향을 보이는 사람들의 경우 특히나 그렇다. 에밀리도 여기에 속한다.

에밀리는 얼마 전 실직한 상태이다. 그 전에도 잦은 결근으로 해고된 적이 많았다. 그녀는 상사에게서 지적을 당하거나 뭔가 꾸중을 들었다는 판단이 들면 다음 날 아예 출근을 하지 않곤 했다. 에밀리는 최고 관리직 자리에 오르고 싶지만, 상사의 비판을 견디지 못하는 성격이라 도무지 커리어를 쌓을 수가 없다.

자신의 목표를 '큰 그림'으로 설계하고, 이를 달성하기까지 꼭 거쳐야 할 단계를 따를 의지 혹은 능력이 갖추어졌는지 생각해봐야 한다. 예컨대, 창업을 구상 중이라면 회사가 안정적인 수익이 날 때까지 생활을 책임져 줄 여유 자금이 준비되어야 한다. 독립하고 싶다면 월세, 보증금, 어쩌면 교통비도 미리 마련해둬야 한다. 큰 목표에 이르는 과정에서 넘어야 할 수많은 작은 목표를 정확히 파악하는 것이 필요하다(네주Nezu, 네주, 즈릴라D'Zurilla, 2007).

또한, 어떤 결정을 내린 후에는 그에 수반될 어려움을 예상하고 준비해야 한다. 미처 예상하지 못한 난관을 해결하느라 생각했던 것보다 시간이 더 걸리게 될 수 있다는 것도 인지해야 한다. 아무리 많은 시간을 들여 고민하고 분석했다 해도 자신이 내린 결정이 실패로 돌아갈 수 있기 때문에 예비책을 세워둘 필요가 있다. 이런 과정을 잘 거친다면 자신이 결정한 바를 성공적으로 이룰 수 있을 것이다.

실패에 대처하기

실패를 좋아할 사람은 없지만 예민한 사람들의 경우 특히나 자신의 선택이나 행동이 실패로 귀결됐을 때, 이를 본인이 '인간으로서' 실패했다고 받아들이는 경향이 있다. 상사, 친구 등 다른 사람들의 부정적인 피드백을 자신을 향한 거절로 인식하기도 한다. 그뿐만 아니라 실패를 일시적이고 자연스러운 배움의 과정으로 보지 않고, 평생을 짊어지고 가야 할 개인의 결함으로 받아들인다. 이런 성향을 지니고 있다면 어떤 결정이든 고통스러울 수밖에 없다. 그래서 매사 위험을 최소화하려 하고 무엇이든 쉽게 포기하고 만다. 생일 파티를 계획하거나, 수업을 듣거나, 휴가지를 결정하고 심지어 저녁 메뉴를 고르는 일마저도 말이다.

누구나 한번쯤 실패를 경험한다. 무언가를 시도하는 일이 많을수록 실패할 일도 많아진다. 실패를 배움의 계기로 삼을 수 있다는 것을 깨달아야 무언가를 시도한 후 성공하지 못해도 그 과정에서 새로운 능력을 배우고 상황을 정확히 이해하는 눈을 기를 수 있다(드웩 Dweck, 2006). 자신이 무엇을 못하는지 배우는 것도 상당히 도움이 된다. 목표를 수정해야 한다는 사실을 깨우칠 수 있기 때문이다. 보디빌더를 떠올린다면 이해가 쉬울 것이다. 이들은 중량 운동을 할 때 '실패 지점(더 이상 운동을 반복할 수 없는 지점)'에 도달해 근육을 키운다.

실패에 대처하는 또 다른 방법은, 시도하는 '과정'에서 자신이 해낸 일을 되새겨보는 것이다. 성취에 집중하면 목표를 성공적으로 달성하지 못해도 자기 자신을 비난하지 않게 된다. 자신의 목표를 잘게 나누고, 큰 목표에 달성하기까지의 중간 단계들을 설정하고 하나씩 도전하면, 보다 쉽게 성취의 기쁨을 맛볼 수 있다. 그러면 난관이 닥쳐도 쉽게 포기하지 않는다. 포기하지 않고 작은 성과를 달성해나가는 자기 자신에게 보상을 하는 것도 좋은 방법이다. 값비싼 보상일 필요는 없다. 좋아하는 커피 한 잔, 좋아하는 잡지를 읽는 시간처럼 사소한 보상도 효과가 있다.

무엇보다 자기 자신에게 성공할 능력이 있다고 믿어야 한다. 성공한 자신의 모습을 그려보는 것이 도움이 될 것이다. 당신이 생각하는 성공을 이미지로 시각화해 떠올려보라. 목표를 달성한 후 어떤 모습일까? 자신의 비전을 적어보는 것도 좋다. 이렇게 시각화 훈련을 계속 반복하면 도움이 된다.

문제 해결 과정을 배움의 과정으로 생각한다

문제 해결 및 의사 결정 과정을 삶의 질을 높이고 정서적 고통을 줄이는 데 도움이 될 방법을 배울 계기로 삼아야 한다. 다음의 차트를 완성해보자.

문제	가능한 해결책	예상 결과	시도한 해결책	실제 결과	무엇을 배웠는가/ 어떤 보상을 주었는가

앞으로 한 주 동안, 해결해야 하는 혹은 선택해야 하는 문제가 생길 때마다 가급적 많은 해결책을 떠올려보며 차트에 기록한다. 미루지 말고 문제가 생길 때마다, 해결책이 떠오를 때마다 바로 기록해야 한다. 또한 맞닥뜨린 문제를 충분히 고민하고 분석한다. 스스로를 비판하려는 마음이 들 때마다 그 생각을 인지한 후(6장 참고) 다시 해결책을 떠올리는 데만 집중한다. 각각의 선택지와 그에 따른 결과를 예측해본다. 그중 한 가지 해결책을 골라 실천에 옮긴다. 실패했을 경우 이 경험에서 무엇을 배

왔는지 기록한다. 이 과정을 헤쳐나가는 자기 자신에게 보상을 하는 것도 잊지 말자. 마지막 날에는 자신이 해결책을 고르는 과정이나 이후 실제 결과에서 어떤 패턴이 보이는지 분석한다. 원하는 결과를 얻지 못할 때가 많다면, 자신이 정말로 현실적인 해결책을 선택했는지, 결과를 제대로 예측했는지 평가해본다. 어쩌면 자신이 선택한 해결책을 완벽히 실천에 옮기기도 전에 포기했거나, 난관을 만나 지레 물러섰을 수도 있다. 아니면 최선을 다하지 않았던 것인지도 모른다.

예민한 사람이라면 의사 결정의 순간에 자신의 감정을 다스리는 것이 어려울 때가 많을 것이다. 무언가를 선택해야 하는 상황 자체가 불편한 감정을 불러오기도 한다. 본인의 의사 결정 성향을 알아야 그 과정에서 파생되는 불편한 감정에 대처하는 방법 또한 찾을 수 있다. 그래야만 더욱 효과적이고 현명하게 의사 결정을 내릴 수 있다. 단기적으로 정서적 고통을 회피하거나 기분을 좋게 만드는 선택지를 고를 것이 아니라, 장기적으로 긍정적인 정서적 결과를 불러올 수 있는 방안이 무엇인지 고려해야 스트레스가 줄고 정서적 평안을 얻을 수 있다. 이를 위해서는 자신이 진정으로 원하는 것이 무엇이고, 삶에서 가치 있게 여기는 것이 무엇인지 정확히 아는 것이 중요하다. 다시 말해, 확고한 정체성을 가져야 한다는 뜻이다. 바로 다음 장에서 다루게 될 주제이다.

정체성 확립이
필요한 이유

예민한 사람들 가운데 정체성이 무엇인지, 정체성은 어떻게 확립해 나가는 것인지 잘 이해하지 못하는 사람들이 많다. 개인의 정체성(자신이 누구인지 파악하는 것 혹은 자아상)은 정서적 예민함과 같은 성격의 일부로 자신만의 고유한 특질이다. 아내 혹은 남편, 부모, 친구와 같은 사회적 역힐과도 일부 연관이 있다. 중산층, 아시안 등과 같이 자신이 속한 그룹과 문화권에도 영향을 받는다. 친구관계나 직업적 목표를 규정하는 개인의 가치와 도덕관념 모두 정체성의 일부이다.

그런데 왜 이 책에서 하나의 장을 할애해 정체성을 이야기하는 걸까? 굳건한 정체성을 확립하면 감정에 휘둘리는 일이 적어지기 때문이다. 자신이 어떤 사람인지 분명하게 깨닫고 나면 정서적 반응, 특히나 대인관계에서 생기는 문제의 빈도가 낮아진다. 타인의 평가나 반응을 위협으로 느끼거나 자신과 타인을 비교하는 일도 줄어든다. 버림받거나 거부당하는 것을 두려워하지 않게 된다. 자신의 감정을 숨기거나 정서적 반응을 부끄럽게 여기는 일도 줄어든다. 자기 자신에게 중요한 것이 무엇인지 명확하게 알고 있기 때문에 의사 결정을 내리는 것도 그리 힘들지 않다.

 이 말은 곧 정체성이 불분명하거나 불안정하면 그만큼 삶의 전반에 걸쳐 부정적인 영향을 끼치게 될 거란 의미이다. 때로는 다른 사람의 감정과 어려움을 자신이 모두 떠안거나 타인의 경험을 자신과 너무 지나치게 동일시한다. 화를 내거나 슬퍼하는 사람과 대화를 나누는 것만으로도 이들과 같은 감정을 느끼는 것이다. 또한, 모순되거나, 자신에게 맞지 않거나, 장기적으로 봤을 때 긍정적인 결과를 내지 못할 선택을 하게 된다. 정체성의 부재로 인해 살면서 첫 단추부터 잘못 끼운 적이 많았을 것이고, 그럴 때마다 당신을 이끌어줄 지도 하나 없이 낯선 곳에 던져진 듯한 혼란스러운 기분을 느꼈을 것이다. 또, 타인이 당신을 어떻게 보는지에 따라 자기 자신을 보는 관점이 달라지곤 했을 것이다. 자기 자신은 문제가 많고 평범하지 않다고 판단한 나머지 자기혐오에 빠지기도 한다(판단하는 태도에서 벗어나는 방법에 관해서는 6장을 참고하기 바란다). 이러한 문제들을 해결하기 위한 방안으로 이번 장에서는 '정체성'에 대해 알아보자.

정체성은 어떻게 확립하는 것인가

정체성은 완벽하게 완성된 채로 찾을 수 있는 대상이 아니다. 살아가면서 자신이 어떤 사람인지 다양한 경험을 통해 배워나가는 것이다. 정체성은 평생 진화하는 것으로 볼 수 있다. 어린 시절에는 자신이 좋아하는 것, 싫어하는 것, 능력, 재능, 타인의 평가 등을 통해 자아상을 만들어나간다. 그러나 정서적으로 민감한 아이의 경우 양육자에게서 정확한 피드백을 받지 못했을 확률이 높다. 양육자가 아이의 민감성을 헤아리지 못하거나 특정한 행동에 대한 이해가 부족하여 적절한 피드백을 주지 못했을 가능성이 높다는 것이다(리네한, 1993). 설상가상으로 가족이나 친구들은 당신의 민감한 정서적 반응에 당황한 나머지 당신에게 감정을 숨기거나 외면하라고 가르쳤을 수도 있다. 주변 사람들로부터 별일 아닌데 과하게 반응한다거나 제멋대로라는 식의 이야기를 들은 적이 적지 않을 것이다. 당신의 감정을 외면당한 경험도 있을 것이다. 그래서 어쩌면 현재까지도 자신을 알아가는 것이 두렵고, 스스로를 수치스럽게 여기는 나머지 자기 자신에 대해 생각하는 것이 고통스럽다고 느낄 수도 있다. 이제부터 심호흡을 크게 하고 진정한 당신의 모습을 알아가보자.

나에 대한 오해와 진실

당신은 자신의 행동이나 성격에 대한 타인의 평가를 마음 깊이 품어 온 채 자랐을 것이다. 본인이 깨닫지 못했을 뿐, 자신이 어떤 사람이라는 정의가 사실 타인에게서 비롯된 것이고, 이를 뒷받침할 근거는 하나도 없을 수도 있다. 만약 자기 자신을 짐처럼 느낀다면 아마도 그 생각은 마음의 여유가 없거나 삶이 버거웠던 양육자 혹은 당신의 인생에서 중요한 사람들이 잘못 심어놓은 것일 수 있다. 어쩌면 당신이 아니라 본인들의 삶에 대한 평가였을지도 모른다. 당신은 감정을 표출하는 것은 나약하고, 학교 성적이 나쁜 것은 머리가 나쁘기 때문이라고 생각하는 가족 안에서 성장했을 수도 있다. 정말 그렇더라도 너무 걱정은 말자. 어느 가정이나 나름의 문제가 있기 마련이고, 이런 식의 오해는 상당히 일반적인 일이다.

그런가 하면, 자신에 대한 근거 없는 믿음이 본인의 경험에서 빚어진 경우도 있다. 어린 시절 소프트볼이나 축구에 재능이 없었다고 해서 자신은 운동에 전혀 소질이 없다고 믿게 되는 식이다. 본인을 제외한 가족들이 모두 스포츠를 좋아한다면, 자신은 삶을 제대로 즐길 줄 모르는 사람이라는 식의 부정적인 오해가 생겨났을 수도 있다. 당신은 축구에는 소질이 없어도 다른 운동은 잘했을지도 모른다. 혹은 몸을 쓰는 것은 잘 못해도 다른 방식으로 자기만의 재미를 찾았을 수도 있다. 하지만 안타깝게도 이런 가능성은 모두 오해로 가려지고 만다.

정체성에 대한 오해

다음의 문항 중 본인의 생각과 일치하는 문장 옆에 체크 표시를 한다. 제일 마지막에 마련된 공란에는 그밖에 자기 자신에 대한 부정적인 생각을 모두 적어본다.

_____ 1. 나는 다른 사람들에게 짐이 될 때가 많다.

_____ 2. 나는 결점이 많은 인간이다. 다른 사람들이 이 사실을 알게 되면 어느 무리에서도 나를 받아주지 않을 것이다.

_____ 3. 나 자신의 목소리를 낸다면 난 외톨이가 될 것이다.

_____ 4. 나보다 다른 사람을 우선으로 생각해야 한다. 그것이 내 역할이다.

_____ 5. 사회 속에서 내 자리를 찾을 수 없다.

_____ 6. 내가 정서적으로 위안을 얻을 수 있는 누군가가 필요하다.

_____ 7. 연애를 하지 않으면 견딜 수가 없다.

_____ 8. 강렬한 감정에 지배되는 나는 나약한 인간이다.

_____

_____

_____

위에 나열된 문장은 모두 근거 없는 오해일 뿐이다. 앞으로 나올 훈련을 통해 잘못된 믿음을 떨치고 진실을 찾아가는 연습을 해보자.

정체성에 대한 근거 없는 오해 바로잡기

자기 자신에 대한 믿음은 삶을 살아가는 데 지대한 영향을 끼친다. 스스로에 대해 올바른 믿음을 갖고 있는 사람은 어떤 상황에서 어떤 결정을 내려야 하는지 분명히 알고, 자신에게 무엇이 힘든 일인지도 파악하고 있으며, 사람들이 당신에게 어떻게 반응할지 예측할 수 있고, 자신이 어떤 활동을 좋아하고 싫어하는지도 정확히 알고 있다. 하지만 잘못된 믿음을 갖고 있다면 타인의 평가에 혼란을 느낄 수 있다. 자기 자신을 정확하게 파악하지 못하기 때문에 감정을 다스리는 것도 어려워진다.

사람들은 자신의 생각을 뒷받침하고 강화해줄 근거만 보고 자신의 생각과 반대되는 근거는 무시하는 경향이 있다(멕레이니McRaney, 2011). 자기 정체성에 대한 그릇된 인식에서 벗어날 수 없는 이유 중 하나이다.

잘못된 오해를 바로잡는다

앞서 문항에서 표시한 내용을 바탕으로 한 가지 실험을 해본다. 자신의 믿음을 반박하는 정보를 적극적으로 찾아나서는 것이다. 첫 번째 문장에 체크했다면 '자신이 다른 사람에게 짐이 아니라는 증거'를 떠올리려 노력한다. 진심으로 깊이 고민하고, 자신의 가치를 낮추거나 낮게 평가하려는 마음을 버려야 한다. 당신이 다른 사람에게 도움이 되었던 경험도 분명 있을 것이다. 당신이 신뢰하는 사람들에게 가서 그들이 생각하는 당신의 모습은 어떤지 의견을 묻는 것도 좋다.

2, 3, 7, 8번에 체크를 했다면 주변 사람들이나 자신이 속한 커뮤니티를 자세히 들여다보며 자신의 생각이 틀렸다는 증거를 찾는다. 대부분의 사람들은 본인에게 결함이 있다는 것을 잘 알고 있지만 이 일로 사회나 모임에서 배척당하는 일은 없다.

앞서 표시한 문장으로 돌아가 자신의 본모습을 제대로 묘사하는 글로 고쳐 쓰며 정확한 자아상을 확립한다. 예를 들어, '연애를 하지 않으면 견딜 수 없다'라는 문장은 '사랑하는 사람과 의미 있는 관계를 형성하는 것이 내게는 중요하기 때문에 가끔씩 이런 관계에 속해 있지 않을 때는 견디지 못할 것 같다는 생각이 들기도 한다'라는 식으로 수정한다. 사실을 받아들이는 것은 자신의 고통을 줄이거나 원하는 삶을 쟁취하기 위한 노력을 포기하는 것도 아니고, 이 정도면 되었다고 안주하거나 덜 노력하는 것이 아님을 명심해야 한다.

자기 자신에 대한 오해나 잘못된 믿음은 과거의 행동에서 비롯된 것일 수도 있다. 어린 시절 무언가로부터 도망쳤거나 누군가에게 심한 말을 내뱉는 식으로 충동적으로 행동했을지 모른다. 그러나 그것은 과거일 뿐, 이제 당신은 충동적으로 반응하지 않을뿐더러 어렸을 때보다 신중한 태도로 결정을 내릴 줄 안다. 더 이상 잘못된 행동을 하지 않음에도 여전히 자기 자신을 충동적이라고 판단하는 것은 달라진 현실을 반영하지 못하는 잘못된 믿음이다. 앞의 문항에서 표시했던 오해들에 대해 다시 생각해보자. 당신이 갖고 있는 자아상은 지금 현재가 아닌 과거의 기억에서 만들어진 것은 아닌가?

어쩌면 겨우 한두 번 있었던 일로 그릇된 자아상을 가졌을 수도 있다. 몇 년 전 남자친구에게 거짓말을 한 적이 있지만, 연인에게 늘 거짓말을 해온 것이 아니라면 자기 자신을 거짓말쟁이로 생각할 근거는 없다. 또한 사람들은 누구나 스스로도 자랑스럽지 않은, 혹은 부정적인 결과를 불러오는 잘못된 행동 패턴을 갖고 있다. 아래에 소개된 활동을 통해 자기 자신에 대한 관점에 부정적인 영향을 끼치거나 현명하지 못한 결정을 이끄는 잘못된 행동 패턴을 파악할 수 있다. 만약 파괴적인 행동을 지속적으로 반복한다면 멈춰야 한다.

내 이야기 적기

그간 살아오며 가장 기억에 남는 일을 적어본다. 큰 실수를 저질렀던 경험이나 성취감을 느꼈던 일, 결혼, 이별, 출산, 승진 등 중요하게 기억할 만한 사건과 그런 경험들을 통해 얻은 교훈을 기록한다. 자신의 강점과 약점도 적는다. 자신의 삶을 관통하는 주제도 생각해본다. 극복, 상실, 생존, 인간애, 수치심, 투쟁, 혼돈, 성공, 만족감, 의리 등이 주제가 될 수 있다.

자신이 적은 것을 다시 읽어보며 어떤 패턴이 보이는지 살핀다. 당신의 이야기 속에서 당신은 주로 어떤 역할을 맡았는가? 영웅인가, 악인인가, 아니면 피해자인가? 당신의 이야기 속 주인공은 당신인가, 아니면 다른 누군가가 주인공을 맡고 있는가? 만약 자신의 이야기임에도 당신이 스타나 영웅이 아니라면 본인을 주인공으로 다시 새롭게 이야기를 써보기 바란다. 물론 사실관계만큼은 분명히 해야 한다. 힘든 상황을 어떻게 극복했는가? 이야기의 주제를 긍정적으로 전환해본다. 이제 이야기가 어떻게 달라졌는가? 어쩌면 정서적 분위기가 달라졌을 수도 있고, 자기 자신을 바라보는 관점이 달라졌을 수도 있다. 앞선 이야기에서는 미처 발견하지 못했던 결과나 교훈을 찾았을 수도 있다. 새롭게 이야기를 쓰는 것이 힘들다면 아마도 근거 없는 오해로 점철된 시각으로 자기 자신을 이해하고 있는 탓에 상황을 달리 해석하기가 어려운 상태일 수도 있다. 만약 그렇다면 믿을 만한 친구나 동료의 도움을 받아 이야기를 새로 써보자. 자신의 이야기를 꼭 밝고 행복하게 각색할 필요는 없다. 당신 안에 내재한 혹은 살면서 얻게 된 강점과 긍정적인 면이 적극적으로 드러나도록 이야기를 풀어내면 된다.

고정관념은 편견일 뿐이다

$\sim\!\sim$

고정관념에 대한 수많은 연구는 한 개인이 자기 자신을 이해하는 데 타인의 영향력이 얼마나 크게 작용하는지 알려주는 증거가 된다. 고정관념이란 개인을 특정 성격이나 행동으로만 판단하는 부정확한 신념이다.

1960년대 로버트 로젠탈Robert Rosenthal과 레노어 제이콥슨Lenore Jacobson(1963)은 한 초등학교의 전교생을 대상으로 IQ 검사를 실시했다. 이후 연구진은 교사들에게 검사 성적을 바탕으로 몇몇 학생의 학업 성취 향상 가능성이 높다고 알렸다. '재능 있는' 아이로 분류된 학생들은 사실 검사 결과와 관계없이 무작위로 선출되었다. 그러나 이

학생들의 경우 연말에 다시 실시한 IQ 테스트에서 다른 학생들에 비해 상당히 우수한 결과를 보였다.

놀라운 결과였다. 해당 학생들은 자신이 우수 학생으로 선발되었다는 것을 전혀 몰랐고, 학부모도 마찬가지였다. 오직 교사만 알고 있었다. 이 실험을 바탕으로 연구진은 뛰어난 아이로 분류된 학생들을 향한 교사의 기대 심리가 실제 학업 성취도에 영향을 미쳤다고 결론 지었다.

사람들의 기대는 그들이 당신을 대하는 태도와 당신의 행동에 모두 영향을 미친다. 고정관념은 기대 심리의 한 형태이다(스틸Steele, 2010). 일반적으로 정서적으로 민감한 사람은 소심하고, 호들갑스럽고, 불안정하고, 나약하고, 신뢰하기 어렵고, 주관이 없고, 과잉 반응을 보이고, 신경을 많이 써주어야 하고, 전문의식이 부족하다는 고정관념이 있다. 이러한 고정관념은 당신이 스스로를 바라보는 자아상은 물론 타인이 당신의 행동을 판단하는 시각에도 영향을 미친다.

자신이 이런 고정관념으로 평가받고 있다고 느낄 때 정서적으로 예민한 사람들은 솔직하게 감정을 표현하는 것을 두려워하고, 그 결과 대인관계 및 커리어에 부정적인 결과를 낳는다. 자신이 하는 업무나 교류를 나누는 사람들에게 쏟을 에너지와 집중력을 감정을 경계하는 데 소진하기 때문이다. 예민한 사람으로 낙인이 찍힐까 걱정하며 긴장감이 높아지면 감정을 관리하는 것이 더욱 어려워진다. 신경을 쓸수록 좌절감이 커지는 악순환이다. 본인의 행동에 주의를 기울일수록 공황 상태에 빠질 확률이 높아진다(스틸, 2010).

절대로 회사에서 감정을 드러내지 않겠다고 다짐하고, 또 날마다 사람들이 당신을 부정적으로 평가할까 두려워하며 출근하는 사람도 있다. 너무 화가 나는 일이 생길까봐, 그래서 분에 못 이겨 눈물이 터져 나올까봐 조마조마한다. 회사에서 눈물을 보이면 프로답지 못하거나 나약한 사람처럼 보일까봐 걱정하는 것이다. 이런 두려움은 조직생활을 더욱 피곤하고 어렵게 만든다. 그 결과 실제로 회사에서 눈물을 쏟을 일이 많아진다. 이런 악순환이 장기적으로 지속된다면 자기 자신을 무능하다고 생각하게 되고, 업무 처리 능력도 낮아진다. 사실, '정서적으로 예민하다'는 낙인이 찍혀도 아무 일도 벌어지지 않을 수 있다. 하지만 그럼에도 당신은 자신에게 나쁜 일이 '벌어질 수 있다'고 지레 믿고 있다(스틸, 2010).

자, 그러면 어떻게 해야 할까? 당신의 예민함을 사람들이 편견 어린 시선으로 바라볼까봐 걱정이 된다면 차라리 당당히 고개를 들고 "네, 제가 좀 예민한 편이에요. 그러니 눈물 좀 추스르고 금방 돌아올게요."라고 말해보면 어떨까. 아니면 미소를 띠고 재치 있게 넘어가는 방법도 있다. "감정이 예민한 편이라 만화도 못 보는데, 리얼리티 쇼는 엄두도 못 내요." 본인부터 자신의 정서적 민감성을 편안하게 받아들여야 다른 사람들도 그럴 수 있다. 설사 사람들이 당신이란 사람을 인정하지 않는다 해도 당신만은 스스로를 수용하고 받아들여야 한다.

물론 자신의 예민함을 솔직하게 드러내기 어려운 상황도 있을 것이다. 그럴 때는 감정을 조절하고 마음의 평안을 얻는 데 도움이 되는 다른 방법을 적극적으로 활용해야 한다. 전반적으로 긴장을 낮추는 것이 도움이 된다. 이완법(2장 참고)과 감정 관리 방법, 자기돌봄(3장 참고) 관련한 내용을 참고하기 바란다. 자기 자신을 평가하는 것을 지양하고(6장 참고) 마음챙김을 수련하는 것(4장 참고) 또한 큰 도움이 된다.

마지막으로, 예민한 사람들을 규정하는 고정관념은 그저 편견일 뿐 사실이 아니라는 것을 꾸준하게 상기하는 것이 좋다. 훌륭한 리더로 알려진 인물 가운데 예민한 기질을 지닌 사람을 찾아보거나 당신의 성격 중에서 일반적으로 알려진 고정관념과는 다른 점이 무엇인지 찾아보는 식이다(스틸, 2010).

당신을 가두는 역할 버리기

타인과의 관계에서 당신의 역할은 정체성을 규정하는 요소 중 하나이다. 아마도 가족과 친구들 사이에서 당신이 맡은 역할은 '정서적으로 예민한 사람'일 것이다. 좀 더 구체적으로는 '배려심 깊은', '이야기를 잘 들어주는', '항상 도움을 주는' 사람일 것이다. 혹은 '과민 반응을 하는', '힘든 소식을 전하기 어려운 사람'일 수도 있다.

어떤 역할이든 간에, 당신이 맡은 역할은 정체성에 영향을 미친다. 가족 안에서 당신이 특정한 방향으로 반응하길 기대하는 심리가 형성되고 나면 당신은 그 기대 심리에 부응할 수밖에 없다. 뿐만 아니라 당신의 역할은 타인이 당신을 대하는 태도에도 영향을 미친다. '이야기를 잘 들어주는' 역할이라면 사람들은 가끔씩 당신도 자기 이야기를 하고 싶을 수 있다는 사실을 잊곤 한다. 너무 유약해보이는 역할을 맡았을 때는 당신에게 사실을 말하지 못하거나 당신만 모르는 비밀을 만들기도 한다. '조용한 아이'로 인식된 후에는 사람들이 당신에게 의견을 구하는 일이 없어진다.

당신이 보이는 반응이 예민하지 않은 사람들과 똑같다고 해도 가족과 친구들은 당신의 부정적인 감정 반응을 예민함 때문이라고 치부해 당신의 불만을 들어주지 않거나 당신의 마음을 다치게 한다. 예컨대 "친구가 이사 가는 것 때문에 마음이 괴롭구나"라고 말해주지 않고 "별일 아닌데 또 호들갑이야?"라고 되묻는 식이다. 아무리 좋게 말해도 불공평하다고밖에 하지 않을 수 없는 상황이다. 하지만 너무 걱정할 필요 없다. 분명히 당신이 모든 것을 바꿔나갈 수 있다.

나의 역할을 재정립하다

타인의 기대 심리가 당신의 행동에 어떤 영향을 미치는지 제대로 파악하기 위해서 우선 가족 내 자신의 역할을 적어보는 것부터 시작하는 것이 좋다. 일기장이나 노트에 적어도 되고 그저 아무 종이에나 적어도 된다. 이후 가까운 친구들 사이에서 당신의 역할이 어떤지 생각해보고 마찬가지로 종이에 적는다. 어떤 행동 때문에 현재의 역할로 굳어졌는지도 함께 기록한다. 당신의 역할이 대인관계에서 어떠한 영향을 미치고 있는가? 자신이 맡은 역할에서 좋은 점은 무엇이고, 당신의 본성과 맞지 않는 부분은 무엇인가?

기록한 내용을 검토한다. 가족 및 친구 관계에서 당신이 역할을 어떻게 고치고 싶은지 적는다. 역할을 바꾸기 위해서는 행동에 어떠한 변화를 주어야 하는가? 예를 들어, 감정적으로 동요하지 않고 이야기를 잘 들어주는 사람으로 자리매김하고 싶다고 가정해보자. '과민 반응을 하는 사람'에서 '남의 이야기를 잘 들어주는 사람'으로 역할을 바꾸고 싶은 것이다. 사람들의 고민을 들을 때마다 당신은 긴장하고, 끔찍한 결과를 미리 걱정하는 한편, 매사 과민 반응을 보인다고 스스로를 비판하는 경향이 있다. 그렇다면 역할을 바꾸기 위해선 긴장을 줄이는 이완 요법을 실천하는 방법을 채택할 수 있을 것이다. 매일 마음챙김을 수행하며 현재에 집중하고, 이후 벌어지게 될 끔찍한 일들을 미리 걱정하지 않는 법을 터득하는 것이다. 타인의 말에 집중하는 경청 태도와 판단하는 마음 버리는 훈련도 도움이 된다.

그러고 나서 역할을 바꾸기 위한 구체적인 계획을 세운다. 한 번에 한 가지 혹은 두 가지씩 천천히 변화를 시도한다. 전과 달리 행동하려면 어떤 기술을 활용하는 것이 도움이 될지 구체적으로 명시한다.

이후 자신의 변화 과정을 기록한다. '경청하기'를 적고 매일 달력에 실천 상황을 표시하는 식으로 간단히 기록하면 된다. 훈련을 꾸준히 지속하는 자신에게 보상을 하는 것도 좋다. 그렇게 계획을 진행해가면서 새로운 기술을 하나씩 천천히 추가해본다.

다소 시간이 걸리겠지만 사람들은 당신이 달라지고 있다는 것을 깨닫고 당신을 바라보는 관점을 달리할 것이다. 그에 따라 당신을 향한 사람들의 기대 심리가 조금씩 바뀌고, 조금 더 자유로워진 시선 속에서 당신 또한 자기 개선을 지속하기 위한 또 다른 방법을 편안하게 찾아볼 수 있을 것이다.

공허함과 허전함

예민한 사람이라고 해서 누구나 정체성이 부재한 것처럼 느끼는 것도 아니고, 설사 그런 기분을 느낀다고 해서 모두 같은 방식으로 경험하는 것도 아니다. 정체성 부재로 인한 공허함을 두고 누군가는 "차갑고 텅 빈 껍데기가 된 것 같아요. 숨을 쉴 수도 없고 도망칠 곳도 없죠. 숨이 막히는 것 같아요"라고 표현한다. 또 다른 이는 이렇게 설명했다. "어떤 감정을 느껴야 하는지도 모르는 것, 아무것도 느끼지 못하고 인생에서 무엇을 원하는지도 모르겠는 그 기분은 몸과 마음에 어두운 구멍이 생긴 것 같은 느낌이에요. 공허함이란 무언가 허전한 거잖아요. 딱히 중요한 것도 없고, 어떤 기분을 느껴야 할지도 모르겠고, 진짜 감정이라는 것을 느껴본 적이 있는지도 모르겠어요. 아무것도, 그 누구도 이 공허함을 채울 수 없어요."

정체성의 부재는 쉽게 말해서 자신이 누구인지, 무엇을 느끼는지, 무엇을 원하는지 모르는 상태이다. 공허한 느낌이자 아무것도 존재

하지 않는 것 같은 허전함이다. 사람들의 기대에 따라 혹은 줄이 당겨지는 방향에 따라 움직이는 인형이 된 듯한 기분이다.

공허함으로 빚어진 심리적 불편함 때문에 어떤 사람들을 일부러 고통을 쫓기도 한다. 이 공허함을 약물과 알코올, 일, 음식 등의 강박행동으로 채우려 드는 것이다. 혹은 타인에게 지나치게 의존하는 모습을 보이는 사람도 있다. 실제로 정체성의 공허함을 경험하는 사람 대다수는 타인과 어울리며 일시적인 위안을 얻거나, 자신이 속한 그룹에 어울릴 만한 가짜 정체성 가면을 쓴다. 그러다가 사람들과 함께 있지 못할 때면 패닉에 빠지고 만다. 공허함이 수면 위로 떠오르고 자신이 무엇을 느끼고 무엇을 해야 하는지 모르는 혼란에 빠지기 때문이다.

이 공허함을 채우기 위해선 정체성을 확립하고, 의미를 찾고, 자신의 삶에 헌신하고 타인과 제대로 교류하는 법을 깨우쳐야 한다. 마음챙김(4장 참고)을 통해 현재에 집중하고 자신의 생각과 감정에 몰입해 본인의 생각과 취향을 찾아나가는 것이 도움이 될 것이다. 당신이 가장 좋아하는 색깔은 무엇인가? 친구들과 저녁식사를 할 때 어느 음식점을 가고 싶은가? 당신이 원하는 대로 시간을 보낼 수 있다면 한가한 오후 시간에 무엇을 하고 싶은가? 이런 질문들에 모르겠다는 생각이 든다면 적극적으로 답을 찾아나가는 연습을 해야 한다. 이것저것 다양한 활동을 시도하며 자신이 무엇을 하며 시간을 보내는 것을 좋아하는지 찾아낸다. 영성에 대해 고민하는 시간을 갖는 것도 좋다. 당신은 무엇을 믿는가? 다양한 영성 철학을 접하고 배워보는 것도 유익하다.

삶의 가치에 대해서도 생각해봐야 한다. 당신이 가장 중요하게 여기는 가치는 무엇인가? 매일 감사한 일 세 가지를 떠올리는 훈련을 통해 당신이 가치 있게 여기는 것들을 찾아나갈 수도 있다. 자신이 타인에게 어떤 방식으로 기여하고 있는지도 생각해보자. 이야기를 잘 들어주는 사람일 수도 있고, 타고난 재치로 사람들의 기운을 북돋아주고 있는지도 모른다. 당신 안에는 사람들이 난관을 헤쳐나가도록 돕거나, 타인에게 항상 사랑과 연민을 베푸는 모습이 있을지도 모른다. 타인에게 도움을 주었던 경험을 떠올린다면 당신이 중요하게 여기는 삶의 가치가 무엇이었는지 깨닫게 될 수 있다.

또 사람들과 어울리며 공허함을 감추려는 성향이 있다면 혼자서 하는 활동들을 찾아보는 것이 좋다. 짧은 시간이나마 홀로 시간을 보내며 마음속에 늘 자리하고 있는 불편한 감정을 견뎌보는 것이다. 외면하는 것보다 자기 안의 공허함을 받아들이고 그것을 채우려 노력한다면 훗날 더욱 평온하고 의미 있는 삶을 누리게 될 것이다.

자기혐오는 이제 그만

예민한 사람들 가운데 자기 자신을 싫어하고 더 나아가 혐오하기까지 하는 사람들이 많다. 이유는 다양하다. 자기 비난적인 태도, 고정관념 수용, 잘못된 자아상, 자신의 진짜 가치와 동떨어진 삶, 자기 자신을 소중하게 여기지 않는 태도, 정서적 예민함 때문에 겪어야 하는 고통으로 인해 스스로를 혐오한다. 자기혐오에서 벗어나는 것은 상당히 복잡한 문제이다.

자신을 탓하지 마라

～～～

나쁜 결과를 자기 탓으로 돌리는 것과 결과에 책임을 지는 것은 분명 다르다. 책임을 진다는 것은 자신의 역할과 자신이 한 일을 명확하게 인지하는 것이다. 반면, 자기 비난은 감정적이고 부정적인 시각으로 자책하는 것이다.

예민한 사람은 무언가 잘못되면 자신의 탓을 할 때가 많다. 자신의 실수를 용납하지 않는다. 어떤 부정적인 결과가 '왜' 나왔는지 분석하며 자신의 잘못을 파악하는 것이 아니라, 그저 나쁜 결과가 나왔다는 사실만으로 자기 자신을 비난한다. 예를 들어 화가 난 딸을 보며 당신이 딸에게 심한 말을 했거나 무언가 잘못을 해서 화가 난 걸 거라고 짐작한다. 당신 팀에서 제출한 보고서를 상사가 반려한다면 보고서 작성을 맡았던 당신이 제 역할을 다 하지 못했기 때문이라 자책한다. 물론 실제로 그럴 수도 있겠지만 그게 사실이라는 보장은 없다. 다른 이유가 있을 수도 있다.

완벽주의와 이분법적 사고는 자기 비난의 횟수와 강도를 심화시킨다. 실패에만 집착하고, 삶에서 벌어지는 좋지 않은 일의 책임을 자신에게 돌리며 자기 자신을 부정적으로 바라보게 한다. 그 결과 강렬하고도 불편한 감정에 시달린다. 예를 들어 상사가 보고서의 '일부'를 수정하라고 지시했을 뿐인데 자신이 보고서를 '완전히' 엉망으로 쓴 것 같다는 생각에 사로잡히는 식이다.

여기서 더 나아가 불행한 결말이 자신의 성격 탓이라고 생각하기도 한다. 앞서 나온 예시로 돌아가면, 나란 사람은 뭐 하나 잘하는 일이 없기 때문에 보고서 하나도 제대로 작성하지 못한다고 생각한다. 부정적인 결과를 성격상의 결함 탓으로 돌리는 것은 대표적인 '귀인 오류'의 예이다.

귀인 오류는(로스Ross, 1977) 환경적 요인이 원인임에도 개인의 기질적 특수성으로 어떠한 행동을 이해하려는 경향이다. 가령, 매일같이 야근을 계속했던 힘든 한 주를 보냈음에도 되근해서 쌓여 있는 설거지를 보고 게으른 자신의 성격을 탓하는 식이다. 설거지를 하지 못한 것은 게을러서가 아니라, 지나치게 바쁜 업무로 지쳤었기 때문이다. 사실과는 전혀 다른 자기 자신에 대한 부정적인 평가와 혐오, 성격적 결함을 끝도 없이 나열하며 본인 탓을 한다. 그러나 제3자가 되어 바라보면 우리는 알 수 있다. 충분한 휴식을 취해 컨디션이 좋은 상태일 때와 몸이 극심한 피로를 느낄 때 같은 속도로 같은 양의 일을 처리해야 한다고 생각하는 것은 전혀 합리적이지 않다는 것을 말이다. 사실관계를 정확히 파악해야 상황을 수용하고 나아가 자신에 대해 정확히 판단할 수 있다.

지나치게 사과할 필요는 없다

~~~~~~~

예민한 사람들 가운데 특히나 타인을 기쁘게 해주고 싶어 하는 사람들은 사과의 달인이다. 늘 타인의 감정을 신경 쓰고, 타인이 당신에게 화가 났거나 부정적인 감정을 느끼는 것이 싫어 지나치게 자주 사과를 한다. '그게 뭐 어때서?'라고 생각할 수도 있다. '조금 더 친절하고 예의 바르게 행동한다고 해서 나쁠 건 없잖아?' 물론 자신이 잘못한 일에 대해 사과할 줄 아는 용기는 훌륭한 덕목이다. 그러나 빈 의자에 부딪히고는 "아, 미안"이라고 말하는 경우도 있다. 어쩌면 비가 와서 혹은 누군가 병에 걸렸을 때조차 사과하는 사람도 있다. 이런 일에 습관적으로 사과의 말을 전한다면 모든 문제에 본인의 잘못이 있고, 심지어 사물(빈 의자처럼)에도 자신의 책임이 있는 것처럼 행동할 수 있다. 이런 사람들은 자신의 의견을 밝히거나 본인의 마땅한 권리를 요구하는 순간에도 사과를 한다. 이 같은 모습은 당신이 만만한 사람이라는 잘못된 인식을 심어줄 수 있다. 사람들이 당신을 무능하고 나약한 사람으로 생각해버리는 것이다. 그렇게 되면 사람들은 당신을 진지하게 받아들이지 않고, 더 나아가 당신의 말을 들어주지 않을 수도 있다(리네한, 1993). 게다가 자존감 없는 행동을 자주 하다 보면 스스로에 대한 혐오도 커진다.

예민한 사람의 경우 자신이 소중히 여기는 인간관계가 망가지는 두려움에 시달릴 때가 많다. 타인에게서 자신의 존재와 가치를 규정받는 사람들의 경우 특히나 사과를 통해 무언가를 확인받고자 한다. 두려움에 대처하기 위해 소중한 사람들에게 자주 사과를 할 때가 많은데 본인도 미처 깨닫지 못할 뿐 이 행동의 이면에는 상대방이 당신을 안심시키는 말을 해주거나, 당신이 사과할 필요가 없다는 말을 해주길 바라는 마음이 있다. 그러나 이런 행동은 오히려 타인을 불편하고 지치게 만들어 그토록 소중히 여기는 관계를 망치는 요인이 될 수도 있다.

관계를 망치는 지나치게 사과하는 태도

너무 자주 사과를 하다 보면 자신의 진짜 감정이 무엇인지 깨닫지 못하게 된다. 온통 타인의 반응에만 신경 쓰고 있기 때문이다. 자신이 왜 사과를 하는지, 심지어 자신의 잘못이 있는지 없는지조차 생각하지 않는다. 다른 사람들의 기분을 달래기 위해 자동반사적으로 사과를 하는 것이다. 불필요한 사과를 멈춰야 당신의 감정, 가치, 신념을 더욱 분명하게 깨달을 수 있고, 정체성을 확립하고 또 지켜나가는 데 도움이 된다.

 지나치게 자주 사과를 하는 태도는 건강한 인간관계를 형성하는 데도 방해가 된다. 타인과 중요한 문제를 함께 논의하거나 갈등을 건설적으로 해결해나갈 기회를 앗아가기 때문이다. 당신이 진짜 감정을 표현하지 않는 만큼 타인도 당신에게 솔직해질 수가 없다. 사람들은 서로 의견과 감정을 공유하는 과정에서 상호 간 신뢰와 친밀감이 형성되기 마련인데, 솔직하지 못한 관계에서는 이러한 교류가 불가능해진다.

필요 이상으로 사과를 하는 당신을 보며 친구들은 당신을 있는 그대로의 모습으로 받아들이기 어렵다고 판단한다. 친구들이 당신을 어떻게 생각하는지 정확한 피드백을 받을 기회도 상실한다. 몇몇 친구들은 당신과의 관계가 너무 까다롭거나 부담스럽다고 느껴 떠나버린다.

사소한 일에도 사과하는 모습을 보일 때 상대방 역시 아주 사소한 일에도 당신에게 사과를 해야 할 것 같은 부담감에 사로잡히기도 한다. 즉, 당신이 무엇 하나 그냥 넘기는 일이 없다고 생각하는 것이다. 성격이 원만한 친구들은 너무 걱정이 많은 듯 보이는 당신과의 관계가 불편하고 긴장도가 높다고 느낀다. 일반적으로는 굳이 사과까지 할 필요가 없는 상황에서도 당신에게는 미안하다는 말을 해야 하는 것은 아닌지, 당신이 나름의 방식대로 자신과의 관계에 '점수를 매기고' 있는 것은 아닌지 혼란을 느낀다.

또한, 별 것 아닌 일에도 사과를 입에 달고 다니는 당신의 모습은 다른 사람들 눈에 세상 모든 일이 당신을 중심으로 벌어지고 있는 것처럼 비춰지기도 하는데, 이는 사과를 하는 행동 자체가 사실 타인의 감정을 우선시하는 데서 비롯된다는 것을 떠올려보면 상당히 역설적인 상황이 아닐 수 없다.

사과에도 진정성이 필요하다

중요한 인간관계를 지속하기 위해 자신이 잘못한 일이 아님에도 사과를 할 때가 있다. 만약 특정한 상대에게 당신이 이런 모습을 자주 보이고 있다면 그 사람과의 관계에 대해 곰곰이 생각해볼 필요가 있다. 당신이 항상 '잘못한 입장'이 되어야 하고, 당신의 욕구와 감정을 숨겨야 하는 관계는 결코 건강하다고 할 수 없다.

이와 반대로, 당신이 정말 소중히 여기는 관계이고, 그 관계 속에서 당신은 절대 사과하는 일이 없다면 이 역시 고민해봐야 한다. 때론 중요한 인간관계를 지킨다는 대의를 위해 먼저 사과를 건네는 것이 성숙한 모습일 때도 있다. 정말 사과를 해야 할 때가 언제인지 알고 사과를 해야 자존감이 높아지고, 다른 사람들과 건강한 관계를 형성할 수 있다.

늘 그렇듯 인식하는 것이 첫 번째 단계이다. 아무런 이유 없이 사과를 하는 경우가 있다면 그게 언제인지, 얼마나 자주 그러는지 생각해본다. 하루 중 이런 일이 벌어지는 때를 세어보는 것도 좋다. 자신이 특히나 미안하다는 말을 하게 되는 어떤 상황이 있는지, 유독 사과를 자주 하게 되는 특정한 상대가(혹은 특정 유형의 성격이) 있는지 파악한다.

이후 사과를 대체할 만한 다른 표현이 없는지도 생각해본다. 예를 들어, '유감이야'라는 말보다 '많이 슬펐겠구나'라고 쓰는 식이다.

자신의 가치에 따른 매일을 보내라

내가 진정 중요하다고 생각하는 일에 에너지를 쏟을 여유가 없다고 느낄 때가 있다. 아침에 눈을 뜬 순간부터 해야 할 일이 쌓여 있는 현실이라면? 눈앞의 일을 하나씩 해치우는 데만 급급하고 날마다 기진맥진한 채로 잠자리에 든다면? 자신이 중요하게 여기는 가치에 따라 하루를 보내고 있는지를 성찰하는 것은 불가능하다.

자신의 가치에 부합하는 삶을 사는 것은 스트레스를 낮추는 데도 중요할 뿐만 아니라 건강한 자아상을 확립하는 데도 큰 역할을 한다. 자아상은 보통 당신이 어떤 일을 하고 어떤 행동을 하는지에도 영향을 받는다. 가치와 동떨어진 삶을 살 때 삶에 대한 전반적인 만족도가 낮아지고 의미를 상실한 듯한 결핍을 느낀다(윌슨Wilson, 듀프렌 DuFrene, 2010). 자신이 진정으로 원하는 방향으로 펼쳐지지 않는 자신의 삶을 중오하는 마음이 생길 수도 있다. 가족을 중요하게 생각하는 사람이 실상 대부분의 시간을 가족과 멀리 떨어져서 보내고 있다면 정신적 고통을 느낄 수밖에 없다. 정직함을 중요하게 여기지만 삶의 중요한 몇 가지 사실에 대해 거짓말을 하고 있다면 자아상에 부정적인 영향을 미치는 것이 당연하다.

예민한 사람들 대다수가 본인이 중요하게 여기는 가치가 뭔지 잘 모르겠다고 말한다. 중요한 가치를 모른다면 그것과 일치하는 삶을 사는 것은 더더욱 불가능하다. 정직함, 가족, 타인에 대한 봉사 등 몇 가지 언뜻 떠오르는 가치들이 있을 테지만, 자신이 정말로 중요하게 여기는 가치가 무엇인지를 찾는 것은 생각보다 어려운 일이다.

내가 삶에서 추구하는 가치는 무엇인가

당신에게 중요한 가치 옆에 체크 표시를 한다. 최대 10개까지만 선택한다.

_____ 수용과 평등   _____ 성취   _____ 모험

_____ 아름다움	_____ 커뮤니티	_____ 창의성
_____ 절제	_____ 가족	_____ 융통성
_____ 우정	_____ 즐거움	_____ 너그러움
_____ 감사함	_____ 성실	_____ 건강
_____ 도움 베풀기	_____ 독립성	_____ 열린 마음
_____ 사생활 존중	_____ 신뢰	_____ 안전함
_____ 봉사정신	_____ 영성	_____ 팀워크
_____ 관용	_____ 전통	_____ 명예와 신의
_____ 부	_____ 새로운 변화 시도하기	

당신이 선택한 열 가지 가치 중에서 더욱 의미 있는 다섯 가지를 다시 고른다. 그러고 난 뒤 다시 세 개를 선택한다. 자, 그 마지막 세 가지 항목이 당신의 인생에서 정말로 중요하게 여기는 가치와 일치하는가? 아니라면 가장 중요한 가치가 무엇인지다시 생각해보고 아래에 적어본다.

앞으로 며칠 동안만이라도 당신의 핵심가치에 부합하는 삶을 살기 위해 일상에 어떠한 변화를 줘야 할지 고민해본다. 당신의 가치를 반영하는 행동과 습관을 각각 두가지씩 떠올린다. 거창한 무언가가 아니라 지금 바로 실천할 수 있는 정도가 좋다. 다만 구체적으로 적는다. 당신의 중요한 가치 중 하나가 '우정'이라면 '친구에게 전화하기' 혹은 '친구와 시간 보내기'처럼 구체적인 계획을 세운다. 계획은 어디까지나 당신이 할 수 있는 선까지로 제한해야 한다. 가령, 친구에게 함께 시간을 보내자고

초대하는 것은 문제가 없지만 상대방이 이 제안을 수용할지는 당신의 영역 밖의 일
이다.

핵심가치:

_____

이 가치에 부합하는 삶을 살기 위해 이번 주에 할 수 있는 일은 무엇인가?

1.

_____

2.

_____

3.

_____

핵심가치:

_____

이 가치에 부합하는 삶을 살기 위해 이번 주에 할 수 있는 일은 무엇인가?

1.

_____

2.

_____

3.

_____

시작일: _____

이제 내일 날짜를 시작일에 적고 앞으로 한 주 동안 당신만의 가치를 삶에 녹여내는 연습을 해본다. 마지막 날에는 계획한 대로 모두 실천했는지 검토한다. 새로운 변화를 실천한 후 스트레스 지수나 자아상, 삶을 바라보는 시각이 어떻게 달라졌는지도 생각해본다.

긍정적으로 바뀐 것 같은가? 자신의 가치와 부합하는 행동을 하나씩 실천하다 보면 점차 자신이 중요하게 여기는 가치에 기반한 삶을 살 수 있게 될 것이다.

자기 타당화의 여섯 가지 단계

자기 타당화는 강렬한 감정을 다스리고, 건강한 인간관계를 형성하며, 행복한 삶을 사는 데 중요한 역할을 한다. 자기 타당화란 자신의 내적 경험과 행동을 일반적으로 그리고 개인적으로 인지하고 수용하는 것을 뜻한다. 가령, 누군가 일부러 당신의 차를 긁어 화가 났다면 누가 봐도 그럴 만한 상황이기 때문에 자신의 분노를 타당화하기가 쉽다. 하지만 예민한 사람의 경우 다른 사람들은 별로 개의치 않은 상황에서도 감정의 동요를 일으키는 경우가 많다. 이때는 '나는 민감한 사람이라 다른 사람들은 몰라도 내가 이런 상황에서 불편함을 느끼는 것은 당연해'라고 말하며 자신의 감정을 스스로 인정해야 한다. 그래야 스스로를 부정적으로 평가하고 재단하는 일이 줄어든다. 강렬한 감정을 경험하는 자신을 인정하며 자기 자신을 수용하고 내적 경험을 신뢰할 때 올바른 정체성이 형성된다.

타당화에는 여섯 가지 단계가 있다(리네한, 1993). 이 단계들을 자기 타당화 과정에도 적용해볼 수 있다.

1단계: 현재에 머문다. 의식을 현재에 집중하고, 감정을 분리시키거나 억누르거나 마비시키지 않는 것을 의미한다. 내면의 감정과 생각을 그대로 인식한다. 내적 경험에 귀를 기울인다. 이때 당신은 중요한 사람이고, 당신에게 찾아온 내적 경험 또한 가치 있다고 믿어야 한다. 이 단계에서 필요하다면 심리 치료사의 도움을 받는 것도 좋다(4장 참고).

2단계: 자신의 모습을 정확히 파악한다. 내적 상태를 정확하게 인지하는 것이다. 자신의 내면을 관찰한다. 감정을 불러온 사건을 되짚어본다. 이 감정이 몸에서 어떻게 발현되고 있는지 꼼꼼하게 살핀다. 단, 자신의 내적 경험을 관찰하고 묘사할 때 섣불리 해석하거나 판단하거나 추측하지 않는 것이 중요하다. 그저 감정의 존재를 자각하고 사실관계에만 집중한다. 가령, 이런 식이다. "지금 화가 나 있고, 이 감정은 어제 친구가 점심 약속을 취소할 때부터 시작되었어. 복부에 긴장감이 감지되고 얼굴이 뜨거워. 아, 그러고 보니 두려움도 함께 경험하고 있는 중이구나." 관찰되는 사실을 있는 그대로 말하고 받아들일 때 자신의 내적 경험에 대한 신뢰도가 높아지고 본인에 대한 이해가 깊어진다.

3단계: 추측한다. 자신이 무엇을 느끼고 있고 무슨 생각을 하는지 불분명할 때가 있다. "다른 사람이라면 슬프겠지. 그런데 나도 지금 슬픈 건가?"라는 말을 하기도 한다. 이럴 때는 자신의 행동을 통해 현재 느끼는 감정을 추적해나간다(리네한, 1993). 예를 들어 숨고 싶을 때는 수치심을 느끼는 경우다. 뭔가 창피한 생각을 하고 있는지도 모른다. 신체적 감각에 귀를 기울이고 자신이 느끼는 감정과 몸의 감각이 일치하는지 생각해본다. 예컨대, 두려움은 목이 조여오는 느낌으로 표현된다. 두려운 생각을 할 때 공포를 느낀다. 현재 갖고 있는 정보를 바탕으로 자신의 감정과 생각을 역으로 추측해나가다 보면 자기 자신에 대해 더욱 많은 것을 배울 수 있게 된다.

4단계: 과거의 경험을 인정한다. 어떤 생각이나 감정은 과거의 기억을 바탕으로 형성된 것일 때도 있다. 사람들이 언쟁을 벌이는 모습을 볼 때 두려움을 느낀다면? 과거 타인과 논쟁을 벌이다가 마음에 큰 상처를 입었던 경험이 있을 수 있다. 이 경우 "사람들이 언쟁할 때 두려움을 느끼는 것은 충분히 가능한 일이야. 예전에 이런 상황이 내게 위험하게 인식되었으니까"라고 말하며 현재의 반응에 영향을 미친 과거의 경험을 인정하고 스스로의 감정을 정당화한다.

5단계: 정상으로 받아들인다. 강렬한 감정을 경험하는 사람들은 본인의 정서적 반응을 정상이라고 생각하지 않는 경향이 있다. 지금 현재 자신이 느끼는 감정을 다른 누구라도 마찬가지로 느낄 것이라고 생각하는 것이 중요하다. 원하던 일자리를 얻지 못해 슬프다면, 본인뿐 아니라 다른 누구라도 바라던 구직에 실패했다면 슬플 것이라고 생각해야 한다. 다른 사람들도 본인과 같은 감정을 느낄 것인지 생각해보고 이 감정을 타당하게 받아들여야 한다.

6단계: 진정성을 갖는다. 자기 타당화의 관점에서 진정성이란 자신의 본모습을 따르고 자기 자신에게 거짓말을 하지 않는 것이다. 다른 누군가인 척 가짜 행세를 하지 않는 것을 의미한다.

✳ 정리 ✳

예민한 사람들이 경험하는 정체성의 문제는 상당히 복합적으로 발현된다. 이번 장에서 소개한 훈련들을 통해 더욱 명확하고 안정된 정체성을 구축해나가길 바란다.

지금까지 확고한 정체성을 구축하고 강렬한 감정을 다스리는 방법에 대해 다양하게 습득해온 만큼 마지막 장에서는 타인과 적절한 관계를 형성하고 유지하는 방법을 살펴볼 것이다. 당신에게 의지가 되는 사람과 좋은 관계를 맺을 수 있다면 부정적인 감정에 사로잡히는 순간 큰 도움을 받을 수 있을 것이다.

9장

상처받지 않는 관계를
형성하는 법

인간관계는 삶에 기쁨과 의미를 더해준다. 예민한 사람들은 사랑하는 사람들과의 우정과 지지를 통해 힘든 시간을 이겨낼 수 있다. 이런 관계로부터 받는 피드백은 올바른 자아상을 확립하고 세상을 보는 시야를 넓히는 데 큰 도움이 된다.

좋은 인간관계는 또한 감정을 다스리는 데도 다음과 같이 긍정적인 영향을 미친다.

- 타인의 정서적 경험을 들으며 자신의 경험을 정확하게 깨달을 수 있다. 특히나 자신이 경험하는감정과 생각이 무엇인지 제대로 배우지 못한 사람들에게는 더욱 타인과의 교류가 중요하다.
- (당신만큼 강렬하게는 아닐지라도) 타인도 비슷한 감정을 느낀다는 것을 알 때 자기 스스로를 평가하는 마음을 버릴 수 있다.
- 타인과 기쁨을 나눌 때 행복은 배가 되고 슬픔을 나눌 때 고통은 반으로 줄어든다.
- 화가 나거나 수치심을 느낄 때 가까운 사람들과의 대화를 통해 힘든 감정을 경감시킬 수 있다.

- 타인이 난관을 극복해가는 모습을 보며 당신도 그렇게 할 수 있다는 자신감을 얻는다.
- 어떤 상황을 맞이하면서 겪는 두려움이나 새로운 경험을 앞두고 느끼는 공포는 함께해줄 '친구'가 있을 때 더욱 쉽게 극복할 수 있다.

한편 인간관계는 예민한 사람에게는 감정의 지뢰밭이나 다름없다. 어쩌면 당신은 사람들과의 관계를 형성하는 방법을 잘 모를 수도 있고, 불균형한 관계로 고통받고 있거나, 대인관계를 완전히 포기했다고 생각할 수도 있다. 하지만 가슴 깊은 곳에서는 유대감과 소속감을 간절히 갈구하고 있는지 모른다.

우리는 모두 외로운 사람들

예민한 사람들 대다수가 일정한 주기로 심각한 외로움을 겪는다. 학교나 회사에서는 사람들과 일상적인 교류를 통해 외로움을 잊기도 하지만, 밤이 되면 혼자 집에 덩그러니 앉아 외로움에 젖는다. 사람을 만날 일정이 없는 주말은 특히나 그렇다. 친구나 사랑하는 사람들과 함께 보내지 못하는 휴일과 생일은 일 년 중 가장 고통스러운 시간이다. 아니 어쩌면 매일같이 외로움을 느끼고 있을지도 모른다.

친구를 사귀는 것이 능사는 아니다

～～～

외로움을 극복하는 가장 분명한 해결책은 사람들과 어울리는 것이다. 그러나 혼자라는 것도 고통스럽지만 누군가를 사귄다는 것도 사실 힘들고 괴롭다. 주변 사람들은 대수롭지 않게 '친구를 사귀라'는 이야기를 하곤 하지만, 그럴 때마다 자기 자신이 한심해보일 뿐이다.

사람들과 어울리는 것이 어려운 이유는 거부에 대한 공포와 사람들에게서 평가를 받는다는 두려움 때문일 때가 많다. 전혀 모르는 사람들일지라도 그들에게서 거부를 당한다는 느낌을 받으면 순식간에 마음이 무너져 내린다. 거부를 경험할 때 활성화되는 두뇌의 영역은 신체적 고통을 느낄 때 정서적 충격을 느끼는 영역과 동일하다(크로스Kross 외, 2011). 잘 알지도 못하는 사람들이 당신에게 큰 상처를 줄 수 있다는 것이 특히나 두려운 지점이다. 본인은 사랑받을 자격이 없다고 생각하는 등 근본적으로 자신에게 문제가 있고, 모든 사람들이 그렇게 생각한다고 믿고 있을 수도 있다. 또한 친구가 거의 없는 당신을 이상한 사람, 괴짜, 왕따, 문제가 있는 사람으로 생각할까봐 다른 사람들을 만나는 것이 두렵기도 하다.

모두가 외롭다

〰〰〰

자신만 외롭다는 생각이 외로움을 키운다. 사실 많은 사람들이 외로움에 시달린다. 그 강도는 저마다 다르겠지만 기본적으로 사람은 누구나 외로움을 느낀다. 여기에는 진화적 요인이 있을 수 있다. 인류 역사상 그리 멀지 않은 시기까지만 해도 타인과의 교류와 협력은 생존에 가장 중요한 요소였고, 그 때문에 우리 DNA는 인간관계를 갈구하도록 설계되었는지도 모른다. 이제는 신체적 안위를 위해 반드시 집단의 일원이 될 필요가 없음에도 불구하고, 아직도 많은 친구들과 어울리거나 커뮤니티에 소속되는 유대감을 느낄 때 확실히 정서적인 건강도 향상된다.

자주 외로움을 느낀다면

〰〰〰

만성적 외로움의 폐해는 심각하다. 자주 외로움을 느끼는 사람은, 삶에서 경험하는 어려움을 훨씬 심각하게 받아들이고, 기쁨과 행복을 잘 느끼지 못한다. 감정 관리가 힘든 사람에게 외로움은 정서적 고통을 배로 증가시킨다. 또한 집중력과 주의력을 저하시키고 노화는 물론 죽음까지 앞당길 수 있다(카치오포Cacioppo, 패트릭Patrick, 2008).

외로움의 원인 찾기

외로움도 힘들지만 인간관계도 만만치 않다. 친구와 크게 싸우거나 연인과 이별을 경험해본 사람은 잘 알 것이다. 그러니 외로움의 해결책으로 인간관계를 택해야 할지는 신중하게 생각해볼 문제이다. 친구와의 관계를 망치느니 차라리 외로움을 선택하겠다고 생각할 수도 있다. 어떤 선택을 하든 간에 우선 인간관계를 포기하는 이유가 당신이 원해서가 아니라 타인에게 비판을 받는 것이 싫다는 등의 두려움에서 오는 것은 아닌지 진지하게 생각해봐야 한다. 두려움 때문이라면 당신이 중요하게 여기는 가치에 부합하는 삶을 살 기회를 잃게 될지도 모른다. 물론 인간관계를 형성하는 것이 정말로 당신의 가치에 부합하는 삶의 방식일 수도 있다. 만약 그렇다면 관계 속에서 정서적 고통은 낮아질 것이다.

한편 인간관계는 여전히 피하고만 싶은 것이라면, 혹시 다른 이유가 있는 것은 아닌지 고민해보길 바란다. 자신은 타고나길 비호감형이라거나 사람들은 당신에게 상처만 준다는 잘못된 신념을 갖고 있는 것은 아닌가? 만약 그렇다면 그런 생각은 명백히 사실이 아니거니와 잘못된 일반화에서 비롯되었다는 것을 깨달아야 한다. 조금만 더 열린 시각으로 세상을 바라본다면 이내 자신의 신념이 틀렸다는 증거를 금방 찾게 될 것이다. 가령, 고의로 당신에게 상처를 준 사람들도 있겠지만 당신이 그간 만났던 모든 사람들이 그랬다고 단정하긴 어렵다. 일부러 했든 모르고 했든, 당신에게 상처를 안겨준 사람은 고작 몇몇에 지나지 않을 것이다.

한 가지 더 명심해야 할 사실은 세상에는 정말 다양한 사람이 존재한다는 점이다. 당신에게 좋은 친구가 되어주지 못한 사람도 있었겠지만, 정말 좋은 친구가 된 사람도 있다. 만약 당신이 누군가와 우호적인 관계로 지내지 못했다 해도 당신이 앞으로도 계속 다른 사람들과도 친구가 될 수 없다고 생각해선 안 된다.

마지막으로, 당신이 혼자 지내는 게 그나마 최선이라고 결론 지었다고 가정해보자. 그것은 정말 최선의 해결책일까? 아닐 수도 있다. 예를 들어 사회성이 부족한 것이 문제라면 심리 치료사와 상담을 하거나 관련 책을 읽어보는 것으로 해결할 수 있다. 일상적인 대화에 너무 예민하게 반응하는 것이 문제라면 상대와 편안하게 긴장을 풀고 대화를 주고받는 방법을 연습하는 것이 해결책일 수 있다. 주변에 말을 함부로 하는 사람들이 많았던 탓에 더 이상은 사람과 어울리고 싶지 않다는 생각이 들었다면, 당신을 존중하는 사람을 가려낼 방법을 배우면 된다. 자기 자신을 무력하게 방치하는 탓에 친구나 사람을 사귀고 싶은 생각이 들지 않는다면 우울증 치료가 문제의 해결책이 될 수 있다.

사람들과 교류하고 우정을 쌓는 것을 거부하는 이유가 무엇에 기인한 것인지 알아야 혼자이기를 선택하든 대인관계를 위해 노력하든 결정을 내릴 수 있다. 만약 아직은 사람들과 관계를 형성해나갈 준비가 안 되었다고 판단되면, 외로움을 느끼는 자신을 부정적인 시선으로 비판하는 것을 멈추는 방법부터 배워야 한다. 동시에 다른 방식의 의미 있는 교류를 통해 외로움이 주는 고통을 줄여나갈 필요가 있다.

외로움, 자연스러운 삶의 일부

외로울 때면 '난 연락할 친구도 없는 패배자야'라는 비관적인 생각에 사로잡히기도 한다. 6장에서 다뤘듯이 자기 자신을 이런 식으로 평가하는 것은 정서적 불편함만 가중시킬 뿐이다. 힘겨운 상황을 더욱 악화시키는 것은 물론이다. 비관적인 생각을 버린다고 당장 외로움이 사라지는 것은 아니지만, 그 감정을 다스리는 데는 큰 도움이 된다. 마당에 잔디가 듬성듬성 빈 곳처럼 외로움을 그저 삶의 자연스러운 일부분이라고 받아들이는 것이 좋다. 풍성한 잔디밭을 꾸릴 수 있다면 좋겠지만 조금 빈 곳이 있다고 해서 멋진 정원이 될 수 없는 것은 아니다. 마찬가지로 외로움을 느낀다고 만족스러운 삶을 누리지

못하는 것도 아니다. 앞으로 이야기하겠지만 다른 방식으로도 얼마
든지 삶을 풍성하게 만들어갈 수 있다.

유대감을 쌓는 다양한 방법

자신이 좋아하는 일들로 삶을 채워나갈 수 있다(페이지^{Page}, 로즈 _{Rhodes}, 2012). 정원 가꾸기, 독서, 산책처럼 사소한 일 무엇이든 좋다. 이런 일을 할 때는 마음챙김의 태도로 임해야 한다(4장 참고). 온전히 몰입할 때 비로소 소속감과 유대감을 느낄 수 있다. 어느 순간 집중력이 흐트러지거나 ('난 패배자야', '내가 식물이라고 잘 키울 리가 없지', '이런다고 뭐가 달라지겠어'처럼) 비관적인 생각이 떠오르는 것은 당연한 일이다. 이때는 그저 다시금 현재 하고 있는 일에 의식을 집중시키도록 노력하면 된다. 어떤 활동이건 간에 그 일을 하는 동안 몸에 전해지는 감각에 온전히 집중한다. 예를 들어 정원을 가꾸는 일이라면 흙을 만질 때의 느낌, 코끝에 전해지는 냄새, 얼굴로 불어오는 바람을 의식하는 것이다. 현재의 일에 집중하고 비관적인 생각을 버릴수록 더욱 즐겁고 값진 경험을 하게 될 것이다.

창의적인 활동에 몰입하는 것도 좋다. 그림 그리기, 글쓰기, 요리하기, 사진 찍기, 영상 촬영하기, 실내 장식하기, 음악 듣기, 꽃꽂이, 미술관 방문하기 등 다양하다. 본인의 창의적인 열정이 향하는 활동이면 무엇이든 좋다. 그러한 활동을 통해 살아 있음을 느끼고, 자신이 이 세상의 일부로 존재한다는 건강한 소속감을 얻을 수 있다.

어떤 사람은 사회적인 활동이나 봉사를 통해 소속감을 얻기도 한다. 본업에 관련된 활동을 찾을 수도 있지만 꼭 그럴 필요는 없다. 굶주린 사람들에게 음식을 제공하거나 인권 보장을 위해 싸울 수도 있다. 세상에 변화를 가져올 수 있는 활동이 무엇일지 생각해보자. '이런 문제는 내가 나서기엔 너무 큰 사안인데'처럼 시작부터 가로막는 극단적인 생각을 경계해야 한다. 아주 작은 변화라도 모두 가치 있다.

한편, 혼자서도 세상과 적극적으로 소통할 수 있다. 친구나 다른 사람들과 함께하고 싶었던 일들을 혼자서 해보는 것도 좋다. 혼자서 외식을 하거나 영화를 본다는 것이 처음에는 어색할 수 있지만 점차 편안해질 수도 있다. 1장에서 말했던 것처럼 예민한 사람들은 자연 속에서 세상과 하나가 되는 경험을 하기도 한다. 공원이나 호수에 가거나 수목원을 산책하는 것도 좋다.

역사를 공부하며 과거와 유대감을 느낄 수도 있다. 과거 클레오파트라가 걸었다고 알려진 길이나 초기 아메리카 식민지였던 곳을 방문하는 등 역사적 장소를 여행하며 자신이 인류의 일부임을 느껴본다. 가족의 역사와 족보를 공부하면 과거와 현재의 세대에 더욱 밀접한 유대감을 가질 수도 있다. 또한 자기 조상에 대해 공부하며 자기자신을 더욱 깊이 이해할 기회도 얻는다.

영성에 대해 생각해보는 시간을 갖는 것도 도움이 된다. 종교에 상관없이 자신보다 더욱 큰 존재에게 닿을 때 사람은 위안을 얻곤 한다.

반려동물 또한 최고의 친구가 되어줄 수 있다. 강아지를 입양하는 것도 고려해보자. 보호소에서 자원봉사를 하거나 임시 보호를 하며 동물을 돌봐주는 경험은 자존감을 높이는 데도 도움이 된다.

펜팔도 하나의 방법이다. 다른 나라에 사는 사람과 온라인이나 편지로 소통한다면 안전하고도 즐겁게 새로운 관계를 경험해볼 수 있다.

지금껏 나온 아이디어가 전부 마음에 들지 않을 수도 있다. 당신이 정말 원하는 것은 당신을 있는 그대로 받아들여주고 사랑하며 절대로 당신에게 상처를 주지 않을 친구들일지도 모른다. 과연 펜팔로 사람을 사귀는 것이 외로움을 달랠 수 있을까 의구심이 들 것이다. 하지만 그렇더라도 '아무 소용없어'라는 식의 극단적인 생각은 버리자. 지금껏 소개한 방법들로 외로움이 완벽히 사라지지는 않겠지만 어느 정도 도움이 되긴 할 것이다. 우선 하나라도 제대로 시도해보고 나면 무언가 달라졌다는 것을 느낄 것이다. 그런 뒤에는 새로운 것을 또 시도해보길 바란다. 북클럽이나 취미 클래스 등 상대적으로 덜 부담스러운 활동을 통해 타인과의 교류를 시작해볼 수도 있다.

전자기기가 사람과의 연결 통로가 될 수 있다

TV, 컴퓨터, 휴대폰 등은 진짜 사람과 관계를 형성할 시간과 의욕을 앗아갈 수 있다. 그러나 반대로도 생각해보자. TV 프로그램, 모바일 게임 등은 다른 사람들과 연결되는 수단으로 쓰일 때도 많다. 회사에서 스몰 토크의 주제로 자주 오르는 TV 프로그램이 있을 것이다. 그 프로그램을 본다면 동료들과의 대화에 자연스럽게 참여할 수 있다. 혹은 사람들을 집으로 초대해 함께 시청할 수도 있다.

물론 누군가와 함께 대화를 나눌 때는 잠시 전자기기를 내려놓고 서로에게만 집중하기 바란다. 당신이 아니라 상대방이 무엇을 하고 어떤 이야기를 하는지에 몰입한다. 주변 사람들에게 호기심을 갖는다. 판단하는 마음을 버리고(6장 참고) 사람들을 있는 그대로 받아들이기 위해 노력한다.

홀로 오래 지냈거나, 사람들과 함께 있는 것이 두렵다면 우선 사람들 속에서 긴장하지 않는 연습부터 해야 한다. 그렇다고 사람들과 적극적으로 어울리고 대화를 나눠야 하는 상황을 일부러 찾아다닐 필요는 없다. 도서관에 가거나 쇼핑몰을 거닐거나 공공장소에 가보는 등 사람들이 많은 곳에서 시간을 보내며 서서히 연습하는 것이 좋다. 이런 식으로 천천히 불안감을 낮추면서 슬슬 사람들과 직접적으로 교류할 준비를 해나간다.

불안감을 느끼면 사람들과 어울리는 것이 더욱 어려워지는 게 당연하다. 두뇌는 방어적으로 변하고 신경이 날카로워져 사람들을 열린 마음으로 여유롭게 대할 수가 없게 된다. 그럴 때는 다음의 훈련이 도움이 될 것이다.

불안감을 이겨내는 훈련

큰 불안감을 야기하지 않는 곳으로 외출하는 자신의 모습을 상상해본다. 마트나 규모가 작은 파티는 어떨까. 처음에는 당연히 불안감을 느낄 것이다. 이때 사람들 속에서 느끼는 그 불안감을 있는 그대로 느끼고 인정하는 것이 중요하다. 그러다 보면 시간이 지날수록 불안감이 조금씩 낮아지는 느낌을 경험할 것이다. 정해둔 훈련 시간이 끝난 후에는 2장에 소개된 점진적 이완법이나 호흡법을 통해 몸에 남아 있는 긴장을 완벽히 해소한다. 틈틈이 훈련을 계속하면 확실히 불안감의 강도가 점차 낮아지는 효과를 체감할 것이다.

이후에는 공원이나 도서관처럼 약간의 불안감을 느끼지만 크게 두렵지는 않은 수준의 장소에 나가본다. 사람들이 북적대는 시간대를 노려보는 것도 좋다. 불안감이 커질 수 있지만 그 감정을 그대로 인식한다. 얼마간의 시간이 흐른 뒤, 또는 불안 정도가 낮아지고 나면 마찬가지로 점진적 이완법(2장 참고)이나 호흡법을 실행한다. 그러고서 다시 해당 장소에 들어가길 반복하다 보면 불안감이 현저하게 줄어들 것이다(보코벡Borkovec, 코스텔로Costello, 1993; 마이어스Myers, 데이비스Davis, 2007).

친근해지는 연습하기

〜〜〜

타인의 존재에 익숙해진 후에는 친근함을 표현하는 법을 배울 차례이다. 화법만큼 중요한 것이 보디랭귀지이므로 제스처에 주의를 기울여야 한다. 입으로는 반갑다고 말하면서 긴장된 얼굴을 하고 있다면 상대방은 당신의 말을 믿지 않는다.

거울에 자신의 모습을 비춰본다. 먼저 사람들과 함께 있다는 두려운 상상을 하며 얼굴 표정을 관찰한다. 그런 뒤 당신이 정말 좋아하는 사람이나 가고 싶은 장소를 떠올린다. 편안한 자세와 따뜻한 미소가 자연스럽게 나올 때까지 거울 앞에서 계속 연습한다. 호감 가는 모습을 보일수록 사람들은 당신에게 긍정적으로 반응한다.

　공공장소 중에서도 비교적 친숙한 곳으로 향한다. 걷는 동안 고개를 들고 미소를 띤다. 집에서 연습했던 자세를 떠올린다. 큰 불편함 없이 미소를 짓고 인사를 할 수 있게 되면 이제는 좀 더 낯선 장소나 작은 상점처럼 공간이 좁은 곳으로 가서 자세와 인사를 연습한다. 이후에는 장소에 구애받지 말고 밝은 표정과 인사를 시도한다.

새로운 사람들과 만나보는 시도

소소한 잡담을 나누는 노하우를 익히거나, 과거의 관계를 회복하는 방법을 배우는 등 사람들과 교류하는 방법은 다양하다. 그러나 무엇을 시도하기에 앞서 우선은 고립의 틀을 깨야 한다.

자원봉사 활동

홀로 고립된 채 생활하고 있다면 자원봉사야말로 자신의 틀을 벗어나기에 가장 좋은 방법이다. 아기나 어린아이들, 도움이 필요한 사람들을 위한 자원봉사를 생각해볼 수 있다. 청소년 쉼터나 보호소는 자원봉사자의 도움이 항시 필요한 곳이다. 어린아이들은 솔직함이 지나쳐 상처가 되는 말을 하기도 하지만 타인을 있는 그대로 받아들이는 순수함도 있다. 양로원의 노인들이나 노숙자처럼 성인들 가운데도 당신의 도움을 필요로 하는 사람들이 있다. 종교가 있다면 그 종교단체에서 자원봉사 활동을 주선하는 경우도 있으니 알아보면 좋다.

누군가에게 도움을 줄 때 상대방과 유대감을 쌓는 것이 한결 수월해진다. 무작위로 낯선 사람을 만날 때보다는 내가 도움을 주고 있는 사람이나 봉사활동을 하는 사람들과 함께할 때 상처를 받을 확률이 훨씬 낮아진다. 봉사활동에 뜻이 없다 해도 이를 사람들을 사귀고 소통하는 계기로 삼을 수 있다. 서로 주고받는 호혜적 상호작용이 탄생되는 가장 자연스러운 사례가 아닐 수 없다.

호혜적 상호작용 형성

관계는 보통 호혜성을 기반으로 시작될 때가 많다. 호혜란 서로 동등하게 주고받는 행위를 의미한다(하이트Haidt, 20069). '테이커taker(받는 사람-옮긴이)'든 '기버giver(주는 사람-옮긴이)'든 한 가지 역할로만 굳어진다면 건강한 관계로 발전하기 힘들다.

당신이 '테이커'라면

당신이 주로 '테이커'의 입장이라면 당신 주변의 상호작용은 당신이 느끼고 경험하는 것에만 지나치게 초점이 맞춰진 관계일 확률이 높다. 보통은 서로의 경험을 공유하고 공감을 나누며 관계를 형성하는 데 반해, 당신은 일방적으로 타인의 관심을 바라고 있다. 상대방이 수용할 수 있는 정도 이상으로 사랑하는 사람에게서 위로나 칭찬을 요구하고 있을지 모른다. 더 심각한 경우, 당신의 기분을 회복하거나 통제력을 되찾고 문제를 해결하기 위해 타인에게 지나치게 도움을 요청하는 것밖에 모르는 테이커도 있다. 만약 그렇다면 심리 치료사와 상담을 나누며 자기 자신을 다스리는 새로운 방법을 배우는 것을 고려하는 것이 좋다.

당신이 '기버'라면

정서적으로 예민한 사람들이 대체로 그렇듯, 당신이 만약 '기버'의 입장이라면 타인을 행복하게 해주기 위해 곧잘 자신을 희생할 것이다. 항상 상대방을 돕고, 즐겁게 해주고, 대신 문제를 해결해줘야 한다는 생각 때문에 대인관계에서 오는 정서적 피로도가 높다. 가족이나 친구들의 부탁을 거절하기가 힘들기 때문에 그들이 당신에게 의지가 되는 존재가 아닌 짐처럼 느껴진다. 당신이 그들을 행복하게 해주지 못한다면 관계가 끝날 거라고 생각한다. 그러면서 동시에 다른 사람이 당신의 생각이나 감정을 고려하지 않는 모습을 보일 때 상처를 입기도 한다.

한편 사람들에게 베풀기만 하느라 정작 자신은 외롭고 공허하다. 내면의 균형을 위해선 오직 자신에게만 집중하거나, 자신이 하고 싶은 일을 할 필요가 있다. 무슨 일을 해야 할지 모를 수도 있다. 그렇다면 요가 수업을 듣거나, 네일 케어를 받거나, 글쓰기 혹은 공예 수업에 참여하거나, 북클럽에 가입해보는 등 자신이 어떤 활동을 할 때 행복을 느끼는지 적극적으로 찾아보길 바란다. 또한 타인에게서 도움을 받는 것도 연습해야 한다. 회사에서 보고서를 작성하거나, 파티에 쓸 쿠키를 굽거나, 아픈 가족을 돌보는 일을 혼자서만 하지 말고 다른 사람에게 도움을 요청해 함께해보길 바란다.

소소한 잡담 나누는 법

예민한 사람은 잡담을 의미 없는 행위라고 여길 때가 많다. '도대체 날씨나 지역 소식 따위로 대화를 나눠서 뭘 하나?'라는 생각을 할 것이다. 그러나 소소한 이야기로 대화를 시작해야 이후 더 깊고 사적인 이야기까지 자연스럽게 나눌 수 있다. 또한 잡담은 상대방에게 관심이 있다는 표현이자 서로 어떤 공통점이 있는지 알아가는 과정이기도 하다. 가벼운 대화를 나누는 데 도움이 될 만한 몇 가지 조언을 소개한다.

사람들과 대화를 나눌 때는 속도와 스타일 둘 다 중요하다. 말을 너무 많이 하거나 너무 적게 하는 것은 물론 사생활을 너무 드러내거나 너무 숨긴다면 우정을 만들어가기가 어렵다. 멈추지 않고 몇 시간이나 이야기를 하는 사람이 있는가 하면, 지나치게 단답형으로만 대답하는 사람도 있다. 소소한 잡담을 포함해 효과적인 대화를 하기 위해선 원활한 상호작용이 필수적이다. 세 문장에서 다섯 문장 정도 자신의 이야기를 한 뒤에는 상대에게 질문을 해 타인이 이야기할 기회를 주는 것이 좋다.

말수가 적은 편이라면 다른 사람의 이야기를 주의 깊게 들어보자. 관심이 없는 주제라도 질문을 하거나 호응을 보일 필요가 있다. 나와의 공통점뿐 아니라 상대가 좋아하거나 싫어하는 것이 무엇인지 호기심을 보인다. 의견 충돌이 일어났을 때는 반대 의사를 밝히면서도 타인의 관점을 인정하고 이해하는 태도를 잃지 않는다. 타인의 생각과 기호를 자신의 시각으로 판단하지 않아야 한다.

우정은 공통의 관심사에서 시작된다. 누군가를 만날 때는 당신이 관심을 갖고 있는 주제에 대해 먼저 대화를 꺼내보기 바란다. 어느 정도 편해져야 자신의 관심사와 취미를 말할 수 있는 사람도 있다. 그러한 편안함은 반복적인 훈련에서 찾아오기도 한다. 영화, 요리, 스포츠, 반려동물, 책, 자원봉사 등 당신이 좋아하는 주제에 대해 넌지시 대화를 시도해보라. 가볍고 긍정적인 분위기를 유지하는 것이 중요하다.

그러나 너무 사적인 이야기를 성급하게 꺼내지 않도록 유의해야 한다. 자기 사생활을 터놓고 이야기하면 상대방이 불편해질 수 있다. 예를 들어, 처음 만난 사람에게 오늘 회사에서 업무 평가가 나쁘게 나와서 너무 화가 난다는 이야기를 할 필요는 없다.

우리가 바라는 것은 호혜적이고 장기적인 인간관계라는 것을 명심하자. 순간의 짜증이나 불편함보다는 이 근본적인 목표에 집중해야 한다.

과거의 관계 회복하기

소중한 관계를 잃고 나서, 지나고 보니 상대방과 두 번 다시 보지 않겠다고 결심한 계기가 사실 별것도 아닌 일이었다면 다시 관계를 회복하기 위한 시도를 해보는 것이 옳다. 한동안 연락하지 않았던 친구에게 전화를 하자니 긴장되고 부끄러운 마음이 들 수 있다. 친구가 여전히 당신을 나쁘게 생각하거나, 당신 때문에 상처를 받았을까 두렵기도 하다. 상대방은 다시 당신과 좋은 사이로 지내볼 생각이 없을

지도 모르니 당신의 입장에서는 거절당할 수도 있다는 마음의 준비를 해야 한다. 뿐만 아니라 공평성에 대해서도 고민하게 된다. 상대방도 관계가 망가지는 데 일부 책임이 있었는데 왜 당신이 먼저 손을 내밀어야 하는지 불공평한 생각도 든다. 상대방에게 다시 연락을 할 때 벌어질 수 있는 다양한 가능성에 대해 미리 생각해보고 어떻게 대화를 풀어나갈 것인지 구체적으로 계획을 세우는 편이 좋다.

'그냥' 전화했다고 말하는 것은 별로 좋은 방법이 아니다. 그러면 진짜 하고 싶은 이야기를 꺼내기 어렵게 되고, 전화의 의도를 서로 다르게 생각하게 돼서 더 불편한 상황이 펼쳐질 수도 있다. 따라서 다시 관계를 회복하고 싶은 당신의 마음과 의도를 상대방이 잘 느낄 수 있도록 표현해야 한다. 보고 싶었다는 내용과 함께 본인의 어떤 실수 때문에 관계가 망가졌는지 솔직하게 적은 카드를 보내는 것도 방법이다. 아니면 생일이나 새해를 맞아 전화로 축하 인사를 전하며 대화를 트는 것도 좋다. 그때 상대방도 반응을 보인다면 두 사람 사이의 균열이 생긴 이유에 대해 간략하게나마 진솔한 대화를 나눠본다. 상대방의 잘못도 짚고 넘어가고 싶은 마음이 들겠지만, 자신이 잘못한 점에 대해서만 밝혀야 한다. 상대방이 본인의 잘못에 대해 사과하지 않을 수도 있다. 그렇다고 해서 관계를 회복할 수 없다는 의미는 아니다. 함께한 지 오래된 관계라면 예전의 잘못이나 갈등은 묻어두어야 할 때도 있다.

관계를 오랫 동안 잘 이어나가기 위하여

관계란 지속적으로 연락을 나누고, 시간과 에너지를 투자해야 하며, 때로는 인내심을 필요로 하는 활동이다. 사람들과 관계를 장기적으로 이어가기 위해서는 잘 거절하는 방법을 배우는 것도 중요하다.

노^{No}라고 말한다

타인의 요구를 좀처럼 거절하지 못하는 것이 문제일 때도 있고, 어쩌면 너무 자주 거절하는 것이 문제가 되는 경우도 있다. 너무 소극적으로 거부 의사를 밝혀 다른 사람들이 눈치채지 못하거나, 너무 강하게 거부하는 바람에 화가 난 것처럼 보일 수도 있다. 어떤 요구나 초대를 거절할 때 너무 자세하게 사유를 설명하거나, 수락하지 못하는 것에 대해 과하게 사과를 하기도 하는데, 어느 쪽이든 관계 속에서 거북함과 긴장감만 생기기 마련이다(리네한, 1993).

수락해야 할지 거절해야 할지 확신이 없을 때는 찬반 리스트를 만들어본다. 각각의 결정에 대한 장점과 단점을 따져보는 것이다. 그러나 사실 본인이 무엇을 원하는지 이미 알고 있는 경우가 많다. 다만 감정적인 문제로 결정이 어려운 것뿐이다. 만약 그렇다면 7장에 소개된 의사 결정 잘하는 노하우가 도움이 될 것이다.

'노ⁿᵒ'라고 말하기 힘든 이유는 어쩌면 단어에 대한 거부감 때문일지도 모른다. 노ⁿᵒ라는 단어를 거부나 배려의 부족 또는 힘겨루기로 이해하고 있을지 모른다. 상대방에게 거절 의사를 밝히면 버림받을지도 모른다는 두려움을 갖고 있을 수도 있다. 혹은 모든 이의 요구를 다 들어주는 '슈퍼 휴먼'으로 보이고 싶어 거절하지 못하는 걸 수도 있다. 어떠한 경우에도 친절하고 따뜻한 사람으로 보이고 싶은 것이다. 이 경우에는 거절에 대한 오해부터 없애야 올바른 거절의 기술을 터득할 수 있다.

거절 의사를 분명하게 밝히기

거절할 때는 분명하게, 진심을 담아 자신의 의사를 밝혀야 한다. 눈을 맞추고 확고하지만 거북스럽지 않은 목소리로 말한다. 간접적으로 표현하면 헷갈릴 수 있으므로 단어를 신중하게 골라야 한다. 예컨대, '방해하고 싶지 않아'라고 말하면 상대방은 자연스럽게 '괜찮아'라는 반응을 보일 수 있다. 당신도 솔직하지만 부드럽게 자신의 의사를 표현하는 사람을 편하게 여기는 것처럼, 다른 사람들도 마찬가지다. 간단하게 요점만 말하는 것이 좋다. 길게 설명하면 서로 어색해진다. '좋은 생각이 아닌 것 같아', '내가 할 수 있는 일이 아니야'처럼 간단하고 직접적이며 효과적으로 의사를 표현하되, 상대방을 배려하는 어조를 유지하자.

타인의 요구에 어떻게 대답해야 할지 모르겠을 때는 생각할 시간을 달라고 말한다. 감정을 다스리고 대답할 말을 신중하게 선택할 시간을 버는 것이다. 강렬한 감정을 경험하고 있을 때는 정서적 불편함을 최소화하고 싶다는 생각에만 사로잡혀 바로 대답한들 얼마 안 가 후회할 확률이 높다.

거절은 선택이다

거절을 한다고 해서 상대방에게 마음을 쓰지 않거나 배려하지 않는 것이 아니다. 그저 당신이 어떤 일을 하고 싶지 않다는 사실을 밝히는 것뿐이다. 원치 않는 일에 거절하는 것은 자기 자신을, 자신이 내린 선택과 목표를 존중하는 행위라는 것을 명심해야 한다. 자존감은 행복한 삶을 사는 데 중요한 역할을 한다. 당신이 하기 싫은 일을 하며 소비하는 시간은 결코 되돌릴 수 없다. 뿐만 아니라 억울한 생각이 들고 힘든 감정만 깊어질 수 있다.

주변 사람들에게 당신의 변화를 알린다

갑자기 예전보다 거절의 의사를 자주 밝히는 당신에게 가족이나 지인들이 부정적으로 반응할 수 있다. 어떤 일이든 수긍하던 당신의 모습에 익숙해진 나머지 '예전에는 착했는데'라는 말을 하며 도대체 당신에게 어떠한 심경의 변화가 생긴 건지 의아해할 것이다. 이런 주변의 반응에 의기소침해질 수도 있다. 이 경우에는 사람들이 당신이 무언가를 거부한다는 것에 부정적으로 반응하는 것이 아니라 달라진 태도에 반응한다는 사실을 염두에 두어야 한다. 주변 사람들에게 당신은 지금 거절하는 연습을 하는 중이고 응원과 지지가 필요하다고 미리 알린다면 오해를 줄일 수 있다.

반대로, 사람들에게서 거절을 당하는 일도 수없이 많다. 몇 주 동안 들은 이야기라곤 '노'밖에 없는 것 같을 때도 있다. 예를 들어, 면접에서 떨어지고, 저녁을 함께하자는 제안에 친구가 거절하고, 집을 사려고 했지만 집주인은 당신이 제안한 가격을 거절하고, 당신이 속한 포커 그룹 멤버들과 집에서 포커를 하려고 했지만 남편이 거절하는 식이다.

유난히 받아들이기 힘든 거절이 있다. 마음이 약해져 있을 때 누군가에게 도움을 요청했다가 거절을 당하면 상처와 실망감, 수치심, 당혹감, 분노가 평소보다 크다. 아주 사소한 부탁을 거절당했을 때 이러한 감정은 더욱 강렬해진다.

특히나 당신이 사랑하는 사람에게서 거절 의사를 듣는 것은 힘든 일이다. 당신을 사랑하는 사람이라면 합리적인 수준의 요구는 응당 수락해야 한다고 믿기 때문이다. 사랑하는 사람이 사소한 부탁을 거절한다면 이후 정말 중요한 일도 거절할까봐 혹은 당신을 진심으로 사랑하는 게 아닐까봐 두려운 생각이 들기도 한다.

상사나 비즈니스 파트너에게서 거절당할 때는 자신이 부족하고 어쩌면 실패한 인생이라는 생각마저 하게 될지 모른다. 거절의 말을 한 사람에게 화가 나고, 상대방이 이기적이라든가 혹은 다른 성격적 결함이 있다고 치부하기도 한다.

그러나 타인의 거절에 부정적으로 반응하는 것은 상대방이 선택할 권리를 제한하는 것이나 다름없다. 무언가를 할 것인지 묻는 질문에 상대방은 대답을 한 것뿐이다. 예를 들어 당신이 아내에게 한 질문은 "날 사랑해?"가 아니었다. 당신은 아내에게 "어머님 좀 같이 뵙고 오는 게 어때?"라고 질문했다. 상대방은 당신의 요청을 애정을 증명할 기회로 생각하지 않는다. 타인의 거절을 당신이란 사람에 대한 거부로 받아들인다면 상대방은 당신 앞에서 말을 조심할 수밖에 없다. 사람들이 당신에게 직접적인 답변을 피하고, 변명을 만들어내고, 거짓말을 하게 된다면 친밀한 관계는 불가능해진다.

거절 민감성이 높은 사람들을 위한 방안

예민한 사람은 거절당하는 것에 특히나 취약하다. 사람들이 실제로 거절의 말을 할 때뿐 아니라, 당신이 거절의 낌새를 눈치챘을 때, 심지어 상대방이 거절할 것 같다는 추측만으로도 마음이 동요한다. 실제 상대의 본심이 무엇이든, 상대방의 행동을 곡해하고 왜곡하며 당신을 싫어해서 혹은 중요하게 여기지 않아서 거절하는 거라고 어떻게든 오해한다. 누군가 당신이 좋아하는 것 혹은 싫어하는 것에 동의하지 못할 경우 당신은 그 사람이 당신과 친구가 될 마음이 없다고 이해한다. 커피를 마시자는 당신의 제안을 거절하거나 약속에 늦었다면 상대방이 당신과의 관계를 별로 중요하게 여기지 않는다고 판단한다. 이런 일이 반복되면 당신의 심적 고통만 커지고, 주변 사람들은 당신이 너무 까다롭거나 예민하다고 생각하게 된다. 여기 거절 민감성이 가져오는 고통을 완화할 수 있는 몇 가지 방법이 있다.

우선 거절 민감성이 당신의 삶에 안 좋은 영향을 끼친다는 사실부터 깨달아야 한다. 스스로 거절 민감성이 높다고 판단한다면, 사람들과의 관계가 힘들다고 느낄 때마다 어쩌면 본인의 거절 민감성 때문인 것은 아닌지 생각해봐야 한다. 두 번째로, 사람들과의 대화와 사교적 활동에 적극 참여할 필요가 있다. 사람들과 계속 거리를 두거나 소극적으로 행동하면 소속감의 부재가 커지는데, 이 경우 자신이 사람들에게서 거부당했다고 잘못 생각할 수 있기 때문이다.

마지막으로 자신이 거부당했다고 느낄 때는 억지로라도 상황을 보다 객관적으로 명확하게 이해하기 위해 노력해야 한다. 가령, 누군가가 당신을 거부했다는 생각이 들 때는 상대방에게 바로 반응하지 말고 잠시 멈추어 감정의 동요가 사라지기를 기다린다. 그리고 상대방이 당신을 거부한 이유가 있을 거라고 이해한다. 상대방이 저렇게 행동하는 데에는 분명 다른 이유가 있을 텐데, 그게 무엇일까를 최소한 세 가지는 떠올려본다. 무엇보다 타인의 입장에서 생각해보는 것이 중요하다. 세 자녀를 키우는 엄마라면 당신과 아무리 대화를 나누고 싶다 해도 현실적으로는 통화할 시간조차 없을 가능성이 크다. 가능하다면 침착하게 상대방에게 거절한 의도를 물어보는 것도 방법이다.

옳은 일 vs 관계에 유익한 일

관계 속에서 옳은 일을 해야 할지 유대감을 강화하는 선택을 해야 할지 고민하게 될 때가 있다(리네한, 1993). 정의감이 강한 편이라면 승패의 관점에서만 사고할 확률이 높다. 그래서 자신의 입장을 주장하는 데만 치중한 나머지 상대방에게 상처를 줄 수도 있음을 망각하고 만다. 혹은 타인의 감정을 상하게 할까 두려워 자신의 소신을 밝히지 못하고는 아무도 본인의 마음을 몰라준다고 생각한다. 어느 쪽이든 이런 식의 극단적인 사고는 관계에 하등 도움이 되지 않는다.

설사 당신이 옳다고 해서 타인의 감정이 상하지 않는 것은 아니다. 당신은 잘못한 것이 없다고 말하겠지만 당신이 사랑하는 누군가와의 관계를 위험에 빠트린 것은 부정할 수 없는 사실이다. 어쩌면 이 때문에 관계를 망친 적도 있을 것이다. 제시카의 사례가 그렇다.

제시카는 남편이 이혼 이야기를 꺼내자 큰 충격에 빠졌다. 남편이 그렇게나 결혼생활을 불행하게 느낄 줄은 정말 몰랐기 때문이다. 나중에서야 두 사람의 관계가 파탄 날 정도의 큰 사건은 없었을 지언정 사소한 일들로 관계에 균열이 생기기 시작했다는 것을 깨닫게 되었다.

제시카의 남편은 항상 아내가 옳아야만 하는 상황에 신물을 느꼈다. 지인들과 만날 때 부부가 함께했던 여행 이야기를 들려주면 아내는 항상 사소한 오류를 꼬집었다. 친구들에게 여행 이야기를 정확하게 전달해주고 싶었다는 것이 제시카의 입장이었다. 남편을 무시하려는 의도는 아니었단다. 그러나 제시카의 의도는 중요하지 않았다. 사람들 앞에서 자꾸만 지적을 당하는 것이 남편에게는 모욕적인 경험이었다. 그 결과, 남편은 아내와 함께하는 시간이 전혀 즐겁지 않다고 느끼게 되었다. 별로 중요하지 않은 사실 여부를 바로 잡는 제시카의 습관이 결혼생활을 위태롭게 만들었다.

상호 간에 유익한 관계를 형성하려면 옳고 그름에 집착해서는 안 된다. 상황에 따라 무엇이 적절하고 무엇이 더 소중한지 판단하는 것이 중요하다. 제시카가 남편과의 관계를 돈독하게 하고 싶었다면 그렇게 행동해선 안 되었다.

관계를 잘 유지하기 위해서는 타인의 입장을 이해하는 것이 중요하다. 형제자매 사이에 상속재산을 분배해야 하는 상황이라고 가정해보자. 형제자매와 좋은 관계를 유지하고 싶다면 그들이 생각하는 공평함의 기준이 무엇인지 고려해야 한다. 상대방이 동의하지 않는다면 당신의 기준에 따라 유산을 분배해선 안 된다.

한편 공정성의 관점으로만 상황을 바라보면 당신에게 최선의 결과를 가져올 선택을 내릴 수 없다. 예를 들어, 어떤 대학에 지원한 당신은 입학 허가가 나기도 전에 신입생들에게 과제를 내주는 학교의 처사를 이해할 수 없어 과제를 하지 않기로 결심했다. 자신의 신념에 따라 옳다고 생각한 일을 한 것이겠지만 결과적으로는 원하던 대학에 입학하지 못하고 말았다. 학교에 들어가기 싫었던 게 아닌 이상에야 현명한 선택을 내렸다고 볼 수 없다.

종교적 믿음이나 정치적 견해처럼 한 개인의 확고한 신념은 사람에 따라 의견이 다를 수 있음을 명심해야 한다. 타인과 다른 의견을 주장할 때는 상대를 비난하지 않는 태도를 유지하는 것이 중요하다. 타인의 입장에서 이해하려 노력하고 타인의 의견을 존중하는 모습을 보이며 자신의 생각을 부드럽게 표현해야 한다.

관계를 망치는 크고 작은 걱정들

예민한 사람들은 대개 걱정이라면 세계에서 둘째가라면 서러울 정도
이다. 걱정을 사랑과 관심의 표현이라고 생각하곤 한다. 하지만 정작
걱정이 관계를 망치는 원인이 되기도 한다.

걱정은 행복을 앗아간다

사랑하는 사람에게서 좋은 소식을 들은 당신은 걱정의 말로 상대의
행복에 찬물을 끼얹는다. 좋은 소식이란 변화와 위험을 동반할 때가

많고, 당신의 입장에서는 두려운 일이기 때문이다. 가령, 딸이 바라던 대학에 마침내 합격했다는 소식을 당신에게 알려왔다고 가정해보자. 그런데 딸이 원하던 대학은 집에서 너무 멀어 위험할지도 모른다는 걱정이 든다. 당신은 입술을 깨물며 경직된 목소리로 이렇게 말한다. "잘 됐다. 축하해." 그러나 얼마 지나지 않아 미간을 찡그리며 이렇게 말한다. "그런데 그 학교에 다니면 집엔 자주 못 오겠구나." 물론 딸의 기쁨을 앗아갈 생각은 없었다. 다만 멀리 떨어져 지내게 될 딸이 겪을 어려움을 미리 알려주고 싶었던 것뿐이다. 또한 아이가 집을 떠나 살지 않길 바라는 마음도 컸다. 그러나 딸은 이렇게 대꾸한다. "엄마, 그냥 저를 위해 같이 기뻐해주면 안 돼요? 이번 한 번만이라도요."

걱정은 상대방을 믿지 못한다는 표현이다

그런 의도는 아니었겠지만, 상대방에 대한 염려를 표할 때(언어적이든 비언어적 행동을 통한 무의식적 표현이든) 상대방의 선택과 능력에 대한 의심으로 비춰질 수가 있다. 친구가 하고자 하는 일을 해낼 능력이 없거나 잘못된 선택을 내렸다고 생각하기 때문에 걱정을 하는 것일 수도 있다.

행복해지는 것이 두렵다

걱정이 많은 사람의 경우 행복해지는 것을 두려워하기도 한다. 언젠가 어떤 일이 벌어져 행복이 사라지면 너무 고통스럽기 때문에 애초에 행복을 경험하지 않는 게 낫다고 생각할지도 모른다. 그래서 행복과 기쁨을 주는 일이 생기는 순간에도 자동적으로 이게 좋지만은 않을 수도 있다는 생각을 하게 된다. 비단 혼자서만이 아니라 자신도 모르는 사이 타인의 일에 대해서도 이런 식으로 생각할지 모른다. 가령, 좋은 일이 생긴 친구에게 몇 가지 나쁜 상황이 벌어질 수 있음을 알려주는 식이다.

물론 장점과 단점을 함께 분석하는 것은 현실적인 태도지만, 자신에게(그리고 타인에게) 벌어진 기쁜 일을 마음껏 축하하고 즐기지 못한다면 삶의 행복도는 낮아지기 마련이다. 기쁜 일이 생겼을 때 그 기쁨을 타인과 함께 나누고 진심으로 축하해주는 것 역시 좋은 관계를 형성하는 데 꼭 필요하다.

걱정은 타인이 당신을 대하는 태도에도 영향을 미친다

너무 자주 걱정을 표하는 당신을 두고 사람들은 당신이 삶을 제대로 감당할 수 없는 사람이라고 생각할 수 있다. 친구나 가족들은 "그 사람한테는 말하지 마. 너무 걱정할 게 뻔해"라고 말한다. 사람들이 당신의 의견을 수렴하지 않거나 자꾸 당신에게만 무언가를 숨긴다면 당신은 소외감을 느끼게 되고 그 결과 관계가 악화될 수 있다.

걱정 줄이기 연습

걱정으로 표현한 당신의 관심을 사람들이 받아들이지 못하거나, 당신이 걱정을 많이 한 나머지 사람들과의 관계가 무너지고 있다면 다음에 소개하는 방법들을 통해 걱정을 줄이는 연습을 해야 한다.

이번에도 자신이 걱정을 하고 있다는 사실을 먼저 자각하는 것이 중요하다. 당신이 걱정하는 모습을 보일 때마다 이를 알려달라고 주변 사람들에게 부탁할 수 있다. 혹은 하루 동안 당신이 한 걱정에 대한 표현들을 세어보는 것도 좋다. 자신도 미처 인식하지 못하는 사이 걱정이 습관으로 굳어졌을지 모른다.

걱정을 할 때면 자신이 어떤 특정한 제스처나 얼굴 표정을 짓지는 않은지, 목소리에 어떤 변화가 있는지 생각해본다. 자신이 걱정을 어떤 식으로 표현하는지 깨달아야 얼마나 자주, 어떤 상황에서 걱정을 하는지 파악할 수 있다. 걱정을 할 때 몸이 경직된다면 얼굴 표정을 이완시키는 연습을 한다. 목소리의 톤을 일관되게 유지하고, 깊이 심호흡을 하며 몸의 근육을 이완한다.

걱정을 할 때 쓰는 특정한 단어가 있다면 가능한 한 쓰지 않도록 의식적으로 주의를 기울인다. 걱정의 말은 '정말 잘 되었다'와 같이 격려와 축하의 말로 대체한다. 그렇다고 마음속 걱정이 사라지는 것은 아니겠지만 표현하고 싶다는 충동은 조금씩 사라질 수 있다.

그래도 우려할 만한 사항에 대해 상대방에게 알려주고 싶다면 타이밍이 중요하다. 누군가 기쁜 소식을 들었거나 아주 중대한 결정을 내렸다면 우선은 상대를 위해 행복과 기쁨을 표현해야 한다. 아주 긴박한 상황이 아니라면 시간이 조금 흐른 후에 당신이 우려하는 문제에 대해 이야기하는 것이 좋다. 물론 이 경우에도 당신의 걱정이 타당한지 생각해봐야 한다. 걱정을 할 만한 합리적인 근거가 있는가? 아니면 그저 정서적 불편함을 느끼는 것인가? 상대방이 내린 결정에 대해 당신이 갖고 있는 의구심이 사실관계에 기인한 것인지 잘 살핀다.

깊은 관계 형성에 필요한 것들

다른 사람들과 깊은 관계를 맺기 위해선 때론 자신의 약점도 드러낼 줄 알아야 한다. 그리고 타인을 이해하고 받아들이며 진심으로 소통하려는 노력이 필요하다. 깊은 관계가 형성되면 어쩌면 정서적 고통을 느끼게 될 위험도 커질 수 있지만, 그럼에도 긍정적인 면이 더 많다. SNS상에 '친구'로 맺어진 수천 명의 사람들과, 함께 영화를 보러 갈 한 명의 친구는 그 의미가 다르다. 또 종종 커피를 함께하는 친구는, 당신의 기쁨은 물론 심적 고통까지 함께 나눌 수 있는 사람과는 다르다.

신뢰

예민한 사람은 타인이 당신에게 바라는 것이 무엇인지 민감하게 느끼고, 그 역할에 따라 자신을 변화시킨다. 그러나 타인의 바람에 따라 자신이 아닌 다른 무언가인 척할 때는 진정한 유대감이 생겨나기 어렵다. 따라서 관계를 발전시키기 위해서는 우선 자신의 정체성을 먼저 깨닫고(8장 참고) 당신의 본모습을 드러내는 것부터 시작해야 한다.

유대감이란 당신이 어떤 사람인지, 당신의 생각과 의견, 좋아하는 것과 싫어하는 것, 강점과 약점 등을 건강한 방식으로 상대방에게 드러낼 때 가능하다. 관계 속 신뢰를 키워나가며 점차 자신의 부족하고 나약한 면까지 공유해야 함을 의미한다. 상대방이 관계를 소중히 여기고, 당신에게 중요한 의미를 지닌 것을 존중하며, 약속을 잘 지키는 모습을 보이고 신뢰를 주기 전까지는 자신의 내면을 너무 깊이까지 드러내거나 공유하지 않는 것이 좋다. 그러나 자신을 꽁꽁 숨기기만 한다면 관계는 앞으로 나아갈 수 없다는 점도 기억해야 한다.

적절한 속도로 관계를 발전시키기 위해선 상대방이 얼마나 열린 태도를 보이는지 살피며 발맞춰 나갈 필요가 있다. 너무 성급하게 자신을 드러낸다면 초조하고 불안한 감정을 느끼게 될지 모른다. 반대로 자신을 좀더 솔직하게 드러내야 하는 것은 아닌가 하는 생각이 들 때도 있다. 공유하는 정보의 양이 불균형하다고 느끼는 것이다. 이럴 때는 상대방이 그간 당신에게 털어놓은 이야기를 곱씹어본다. 그리고 그와 비슷한 수준으로 자신에 대한 정보를 상대방에게 알려주는 것이 좋다.

상대방도 완벽하지 않은 사람임을 인정한다

관계를 맺는다는 것은 때때로 상처받을 일이 생길 수 있다는 뜻이기도 하다. 아무리 좋은 관계라도 당신이 동의하기 어려운 선택을 내리거나 서운해할 말을 하기도 한다. 물론 대부분의 경우 상대방은 당신을 고통에 빠트릴 의도가 없다. 타인이 당신에게 상처줄 의도가 없음을 믿어야 관계를 지속할 수 있다.

상대방과의 상호작용을 무엇보다 중요하게 여기고, 다른 사람 혹은 다른 요인이 관계를 망치도록 두지 않는다. 예를 들어, 친구와 저녁식사를 함께하는 동안 당신은 친구가 고른 식당이 마음에 들지 않아 짜증이 났다. 음식도 별로고 시끄럽기까지 해서 화가 났고 결국 친구와의 저녁식사를 제대로 즐기지 못했다. 당신은 친구 탓을 한다. 그러나 만약 불편함 감정을 느꼈을 때, 그 상황에서 정말 중요한 것이 무엇인지, 즉 친구와의 관계를 유지하고 더욱 단단하게 만드는 것이 중요한지 아니면 친구의 선택에 불만을 터뜨리는 것이 중요한지 생각해봤다면 어땠을까? 그랬다면 책에 앞서 소개된 여러 방법들을 통해 짜증을 다스리고 즐거운 저녁시간을 보냈을지도 모른다.

신경을 건드리는 사소한 문제에 반응하지 않는 것만큼 관계에서 중요한 것이 바로 타인에게 우려를 표현하는 방식이다. 자신의 의견을 표현하기 전, 감정을 차분하게 다스리고 그 무엇보다 관계가 가장 중요하다는 사실을 기억해야 한다. 단어를 신중히 고르고('매번', '절대로'처럼 극단적인 표현을 피한다), 타인에 대한 애정과 관심이 드러나는 어조로 편안하게 말을 전한다. 이렇게 자신의 의사를 표현할 때 사람들은 당신의 말에 귀를 기울이고, 서로 더욱 건설적인 관계로 발전해 나갈 것이다.

* 정리 *

소속감은 의식주처럼 인간의 기본적인 욕구에 해당한다. 어딘가에 소속되어 있다고 느끼고, 자신에게 친밀한 인간관계를 유지할 능력이 있다고 믿을 때 삶을 더욱 긍정적으로 바라볼 수 있게 되고 고통스러운 감정에 대처할 힘도 생긴다.

예민한 사람은 타인의 실수와 부족한 점에 성급하고 민감하게 반응하는 경향이 있다. 사람들과 좋은 관계를 유지하고 싶다면 본질적으로 인간관계란 완벽함과는 거리가 멀다는 사실을 받아들여야 한다. 완벽한 사람은 없다. 타인과 교류하는 방식을 변화시키는 데는 적극적인 노력과 시간, 끊임없는 연습, 그리고 수용하는 태도가 필요하다. 이 장에 소개된 방법을 활용해 감정을 더 효과적으로 관리하고, 유대감을 회복하며, 더욱 깊고 만족스러운 인간관계를 만들어나가길 바란다.

30년간 민감한 사람의 마음을 돌본 임상심리사가 발견한

예민한 사람을 위한 좋은 심리 습관

초판 1쇄 발행 2021년 10월 29일
초판 2쇄 발행 2021년 11월 19일

지은이 캐린 홀
옮긴이 신솔잎

책임편집 이가영
디자인 Aleph design

펴낸이 최현준·김소영
펴낸곳 빌리버튼
출판등록 제 2016-000166호
주소 서울시 마포구 월드컵로 10길 28, 202호
전화 02-338-9271 | **팩스** 02-338-9272
메일 contents@billybutton.co.kr

ISBN 979-11-91228-69-4 03190